PERMAKULTUR

IM BIO-GARTEN

Herausgegeben von **smarticular.net**
Das Ideenportal für ein einfaches und nachhaltiges Leben

Damien Dekarz

Gewidmet meinen Töchtern Lilie und Johanne – mögen sie auf dem schönsten Planeten aufwachsen, den es geben kann. Meiner Lebenspartnerin Maria Adinarayanin danke ich für ihre wertvolle Unterstützung.

Übersetzung aus dem Französischen von Johanna Steigenberger

Damien Dekarz

PERMA KULTUR IM BIO-GARTEN

Nachhaltig gärtnern – Monat für Monat

Deutsche Ausgabe:
1. Auflage, Druck 2308
smarticular, 2022
in der Business Hub UG (haftungsbeschränkt)
Buchberger Str. 27, 10365 Berlin
Autor: Damien Dekarz
Übersetzung aus dem Französischen: Johanna Steigenberger
Druck: DRUCKZONE GmbH & Co. KG, An d. Autobahn 1, 03048 Cottbus
ISBN: 978-3-946658-70-2
ISBN E-Book: 978-3-946658-71-9
Original:

RECYCLED
Papier aus Recyclingmaterial
FSC® C009315

Unserer Umwelt zuliebe wurde dieses Buch auf umweltfreundlichem Recyclingpapier gedruckt, ausgezeichnet mit dem FSC® -Zertifikat für Papier aus Recyclingmaterial, dem Blauen Engel (RAL-UZ 14/19487) und dem EU-Ecolabel.

Urheberrecht

Haftungsausschluss

Bildverzeichnis

Alle Fotos Damien Dekarz, außer: Shutterstock - 8 Sergey V Kalyakin; Pixabay - 23, 66, 73o, 80l, 130 David Bricout; 63u Bernard Bertrand; 158 Coline Pons; 51 Capri23auto; 63o manfredrichter; 76ur jsbaw7160; 134o satynek; 134u Hans; 136o rolfwolle; 144l mayapujiati; 147u John-Silver; 155o lilianecaliste; 161 Kaz

Alle Grafiken Morgan Huiban, außer: 13 Caroline Robin; 177-184: Icons Topf: Lesyaskripak/Freepik; Schaufel, Säen und Gründünger Freepik, „Ernte“ Shutterstock/Leremy; Punktlisten und Umschlag Innenseiten: „Blatt“ VikiVector/Shutterstock

Inhalt

Unter dem Schnee ruht sich der Garten aus.

Warum dieses Buch?

Es gibt viele Bücher über Permakultur – was aber meiner Meinung nach bisher fehlte, war ein praktischer Wegweiser, ein Buch, das Menschen dabei hilft, sie ganz einfach im eigenen Garten umzusetzen.

Dieses Buch lässt die globalen Aspekte der Permakultur ganz bewusst weg und widmet sich stattdessen der Gartenarbeit und der Frage, wie wir unseren Permakultur-Garten anlegen. Themen wie der ökologische Lebensraum, menschliche Beziehungen oder Energieproduktion werden deshalb auf den folgenden Seiten bewusst nicht angesprochen – stattdessen erkunden wir ausgiebig, was wir das „natürliche Gärtnern" oder Permakultur im Garten nennen.

Es gibt außerdem sehr viele Bücher zum Gärtnern im Allgemeinen. Nur wenige bieten einen Gesamtüberblick, und kaum eines widmet sich der Frage, wie wir selbst versorgend leben können mit einem Nutzgarten, der den Boden und die gesamte örtliche Artenvielfalt berücksichtigt.

Als ich gewerblich Gemüse anzubauen begann, meinten manche, eine Fläche von 0,41 Hektar wie meine wäre viel zu klein, um davon leben zu können. Wenn auf dieser kargen Erde in diesem schwierigen Klima etwas gedeihen sollte, so wurde mir schließlich erklärt, dann müsse ich den Boden pflügen und behandeln, Mist ausbringen, Unkraut jäten und jeden zweiten Tag bewässern.

Es kam ganz anders: Ab dem ersten Jahr konnte sich meine vierköpfige Familie zu 80 Prozent selbst mit Gemüse versorgen. Schon im Jahr darauf verdiente ich mein Geld mit dem Verkauf von Gemüsekörben und Eiern aus dem Garten. Natürlich leben wir nicht in Reichtum – wir haben uns entschieden, einfach zu leben, „einfach und glücklich", wie manche gerne sagen.

Damit das funktioniert, habe ich mich lange mit der Funktionsweise von Böden auseinandergesetzt. Gleichzeitig musste ich mich mit der Frage beschäftigen, wie man Pflanzen so auswählt, dass sie nicht nur Ertrag bringen, sondern auch krankheitsresistent und vermehrbar sind. Ich beobachtete Ökosysteme und versuchte zu verstehen, wie sie funktionieren – und stieß dabei sogar auf einige Tricks, um den Aufwand zu reduzieren.

Meine Idee war es, nicht nur einen ertragreichen unabhängigen Ort zu schaffen, sondern auch die Biodiversität zu vergrößern. Monokultur wollte ich niemals betreiben, ich baue immer einen Mix aus möglichst vielen unterschiedlichen Pflanzen an. Diese Herangehensweise ist der Schlüssel, um viele landwirtschaftliche Probleme wie Krankheiten oder Bodenverarmung zu lösen.

Gleichzeitig versuche ich durch jede meiner Handlungen, das Leben im Boden zu unterstützen, Tieren und Wildpflanzen einen wichtigen Platz einzuräumen – und mir dabei Zeit zu nehmen, die Schönheit des Lebens zu bestaunen.

Anmerkung zur deutschen Ausgabe: Die Ideen und Methoden in diesem Buch sind allgemeingültig und auch auf andere Orte übertragbar. Mein eigener Garten befindet sich in Frankreich, weshalb sich geeignete Pflanzenarten oder Aussaatzeiten von den Verhältnissen in deinem Garten unterscheiden können. Es empfiehlt sich daher immer, sich über die lokalen Bedingungen zu informieren und mit erfahrenen Gärtnerinnen und Gärtnern im eigenen Umfeld zu sprechen. Viel Erfolg und Vergnügen!

Bei guter Mischkultur oder Fruchtfolge bereiten Kartoffelkäfer keine Probleme.

Teil I
Was ist Permakultur?

Jedem seine Definition

Der Begriff *Permakultur* geht auf die Forscher Bill Mollison und David Holmgren zurück. In ihrem Buch *Permaculture One: A Perennial Agriculture for Human Settlements* (Tagari Publications, 1978) verwendeten sie ihn zum ersten Mal.

Heute liegt Permakultur sehr im Trend, und ich habe den Eindruck, man findet mittlerweile so viele Definitionen, wie es Menschen gibt, die sich für das Thema interessieren.

Ich spreche gern von Permakultur als Ethik, die sich auf drei Säulen stützt:

- **Acht geben auf die Erde:** Dies tun wir, wenn wir uns um ein kleines Stück Land kümmern und dabei gleichzeitig an den Planeten Erde denken.
- **Acht geben auf den Menschen:** Es gelingt, wenn wir uns um uns selbst, unsere Familie, unsere Nachbarn kümmern, dabei aber gleichzeitig an die Menschheit als Ganze denken.
- **Fair produzieren und teilen:** Wir können Gemüse, Saatgut und Wissen teilen und einander helfen. Und wenn wir Wasser, Energie oder andere Ressourcen nicht im Übermaß verbrauchen, ist das ebenfalls eine Art zu teilen.

Ich würde sagen: Wenn wir im Alltag auf die Erde und den Menschen Acht geben und uns bemühen, unsere Ressourcen gerecht zu teilen, dann betreiben wir Permakultur.

Permakultur bedeutet weit mehr, als bloß zu gärtnern. Sie ist eine Einladung, alle Aspekte unseres Lebens zu überdenken: Lebensraum, Werkzeuge und Technologien, Ausbildung und Kultur, Gesundheit und Wohlbefinden, Finanzen und Wirtschaft, Grundeigentum und Verwaltung, aber auch die Sorge um Natur und Erde sind wichtige Themen für jeden, der sich mit Permakultur befasst.

Die Blume der Permakultur mit ihren sieben Blättern

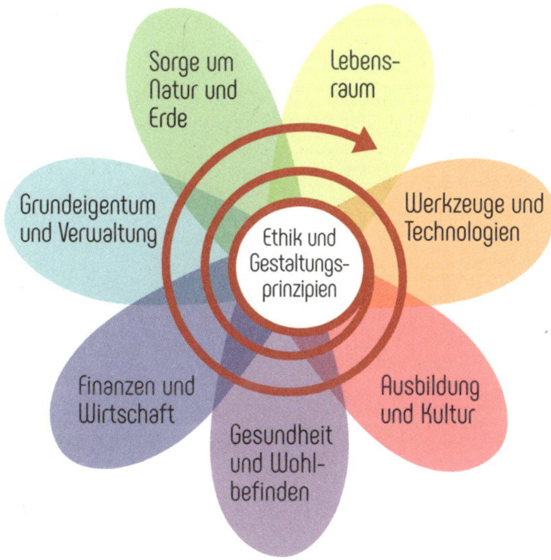

Links: Junge Tomatenpflanze. Bei mir werden Tomatenpflanzen nie zurückgeschnitten: So tragen sie mehr und länger Früchte. **Rechts:** Weiße Kosmeen. Ich habe sehr gerne auch Zierblumen im Gemüsegarten.

Das Design

Mir ist aufgefallen, dass das Wort *Design* viele Menschen abschreckt, die sich mit Permakultur befassen (zumindest zu Beginn). Vielleicht lässt es zu sehr an etwas Ästhetisches oder Kommerzielles denken. Wenn du das so empfindest, kannst du dieses Kapitel auch einfach überspringen, es tut dem Verständnis der anderen Teile keinen Abbruch.

Design aus einem der Workshops meines Vereins La Graine Indocile („Das widerspenstige Samenkorn")

Da du nun also weiterliest: Das Design spielt in der Permakultur eine wichtige Rolle, manchmal ist es sogar ausschlaggebend. Es hilft uns dabei, effizient zu arbeiten, sodass unsere Energie nicht in unüberlegten Handlungen verpufft. Wenn wir von Design sprechen, dann geht es um Konzeption, Planung und Anordnung des Gartens.

Ich helfe manchmal Permakultur-Hobbygärtnern dabei, ihre „Naturgärten" zu gestalten. Dabei habe ich eine Beobachtung gemacht: Nutzgärten, die im hinteren Teil eines Grundstücks lagen, weit weg von den Augen der Bewohner, brachten wenig Ertrag und wurden über lange Phasen im Jahr vernachlässigt. Nutzgärten hingegen, die nahe dem Hauseingang lagen, waren ertragreich und wurden das ganze Jahr über gepflegt. Wenig überraschend: Wenn wir regelmäßig an unserem

Garten vorbeikommen, dann kümmern wir uns mehr um ihn, als wenn wir ihn nicht sehen. Gleiches gilt für die Ernte: Wer beim Kochen Lust bekommt, sein Gericht mit einer Tomate oder etwas Basilikum zu verfeinern, der macht eher ein paar Schritte aus der Küche hinaus, als in den letzten Winkel des Gartens zu gehen.

Es erscheint mir daher wichtig, in diesem Buch zwei bekanntermaßen effektive Designmethoden vorzustellen.

Einteilung in Zonen

Die Einteilung des Grundstücks in Zonen, wie ich sie hier vorstelle, ist eine jener Techniken, die in der Permakultur am häufigsten angewandt werden. Wir weisen dafür allen Teilen unseres Grundstückes eine Zone von 0 bis 5 zu, je nachdem, wie häufig wir uns dort aufhalten und wie viel Pflege sie benötigen.

- **Zone 0** ist der Ort, an dem wir die meiste Zeit verbringen, meistens das Haus.
- **Zone 1** umfasst alle Orte, die wir sehr häufig besuchen, etwa den Weg, der zum Haus führt oder zum Briefkasten. Für größtmögliche Effizienz bringen wir in Zone 1 all jene Elemente unter, die regelmäßige Pflege benötigen oder die wir oft aufsuchen: den Gemüsegarten, den Hühnerstall, das Gewächshaus, die Trockentoiletten ...
- **Zone 2** umfasst alle Orte, denen wir ab und zu einen Besuch abstatten müssen, etwa kleine Obstbäume und -sträucher (Johannisbeere, Himbeere, Goji-Beere) oder kleine Wasserspeicher.
- **Zone 3** umfasst all jene Orte, die unsere Anwesenheit noch weniger benötigen: größere Obstbäume (Apfel, Kirsche, Kastanie), Hecken, ein Teich ...
- **Zone 4** umfasst alle Teile des Grundstücks, die wenig Pflege benötigen: Bäume für Brennholz, Sammelstellen für Pilze, Wildpflanzen ...
- **Zone 5** sind Orte, die nicht kontrolliert werden und die auf unseren Besuch nicht angewiesen sind. Dort können wir uns aufhalten, um zu beobachten, was die Natur macht, wenn wir nicht eingreifen. Diese Orte sind ideal für eine große Artenvielfalt.

Bevor du dein Gemüsebeet, deinen Hühnerstall oder andere Teile deines Gartens planst, denke an ihre jeweiligen Pflegebedürfnisse. Versuche, wenn möglich, eine Zone 5 einzurichten, und sei sie noch so klein.

Zoneneinteilung in der Theorie: konzentrische Kreise

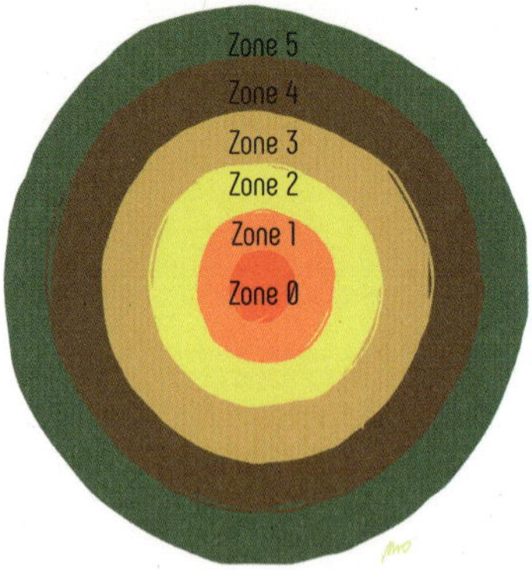

In der Realität: einzigartig und an den Ort angepasst

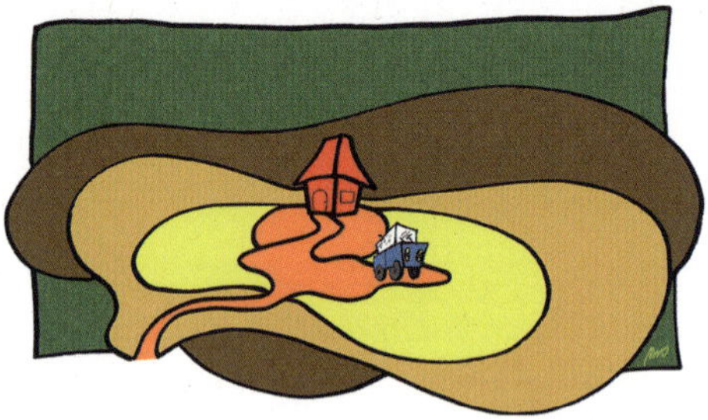

Die OBREDIM-Methode

Das Wort OBREDIM ist ein Akronym, das aus dem Englischen kommt. Es beschreibt eine Designmethode, die ihren Ursprung im Bauwesen hat. Wenn wir uns genauer ansehen, wofür es steht, dann stoßen wir auf eine interessante Vorgehensweise und verstehen ein bisschen besser, was Design in der Permakultur bedeutet:

- **O**bserve (= Beobachten)
- **B**oundaries (= Grenzen)
- **R**esources (= Ressourcen)
- **E**valuation (= Evaluierung)
- **D**esign
- **I**mplement (= Umsetzen)
- **M**aintain (= Pflegen)

Bohne der Sorte „Orteil de Prêcheur"

Wenn wir ein einziges Tomatenkorn säen, erhalten wir eine Pflanze, die viele Früchte hervorbringt. Jede dieser Früchte enthält wiederum unglaublich viele Samenkörner – das Leben ist schön und reich.

Observe (Beobachten)

Bevor wir mit dem Design beginnen, müssen wir viel Beobachtungsarbeit leisten. Idealerweise begehst du dein Stück Land ein ganzes Jahr lang regelmäßig, um zu sehen, wie es sich je nach Jahreszeit entwickelt. So erhältst du bedeutende Informationen über Klima, Mikroklimata, die vorherrschenden Windverhältnisse, Gefälle und ihre Ausrichtung, feuchte und trockene Stellen, Kältepole, die Bodenqualität, Wildtiere und Spontanvegetation (sehr oft Zeigerpflanzen, die durch ihr Vorkommen Auskunft über die Beschaffenheit des Bodens geben).

Vergiss dabei auch nicht, herauszufinden, an welchen Orten du dich besonders wohl fühlst, zum Beispiel solche mit schöner Aussicht. Notiere, so viel du kannst, und zwar möglichst vorurteilsfrei. Natürlich musst du aber kein ganzes Jahr warten, um auf deinem Grundstück mit der Gestaltung anzufangen. Und sei dir dessen bewusst: Gute Beobachtung reduziert zwar Fehler, Überraschungen wird es aber fast immer geben.

Boundaries (Grenzen)

Sieh dir nun an, wie die Grenzen deines Grundstücks beschaffen sind: Gibt es Hecken? Wie sehen die Nachbargrundstücke aus (Wald, Rasen, Gemüsebau, Getreide)?

Lerne deine Nachbarn kennen und sprich mit ihnen. Analysiere, in welche Umgebung dein Garten sich einbettet.

Auch die rechtlichen Rahmenbedingungen (Bauland, landwirtschaftliche Nutzfläche, andere), finanzielle, materielle und menschliche Grenzen sind zu bedenken. Das Projekt wird ganz unterschiedlich ausfallen, je nachdem, ob du für viel Geld Bauland gekauft hast oder ob es als landwirtschaftliche Nutzfläche wenig Geld gekostet hat. Außerdem wirst du eigenes Land anders betrachten als Gemeinschaftsgrund.

Resources (Ressourcen)

Sind diese Beobachtungen erst einmal gemacht, gilt es herauszufinden, wie daraus Ressourcen werden können. Sind Flora und Fauna essbar? Kann das Holz zum Bauen oder Heizen verwendet werden? Kann aus Wind, Wasser oder Sonne Energie erzeugt werden? Welche Fähigkeiten und Fertigkeiten bringst du selbst mit (Gärtnern, Bauen, Motivation ...)? Denke auch an deine finanziellen Möglichkeiten.

Ganz allgemein gilt: Jedes Element im Garten ist auf mehrere Arten eine Ressource. Ein Kirschbaum zum Beispiel spendet Kirschen, Blüten, Holz, Schatten, Humus etc. Ein Huhn produziert Eier, Fleisch, Federn, Mist usw. Ganz sicher gibt es für jede Ressource einen Nutzen.

Evaluation (Evaluierung)

Werte nun deine Bedürfnisse und Wünsche aus und ordne sie hierarchisch: Nahrung, Wohnen, Freizeit etc. Schau dir dann an, wie die Ressourcen deines Grundstücks diese Bedürfnisse erfüllen können; beginne bei deinen obersten Prioritäten.

Bedenke auch, wie dein Grundstück die Bedürfnisse all seiner Elemente erfüllen kann: Ein Huhn etwa braucht Unterschlupf, Wasser, Futter, Platz, andere Hühner ... Wenn es vor Ort alles findet, was es benötigt, ist das perfekt! Gibt es hingegen im Garten kein Hühnerfutter, muss dieser Mangel behoben werden: Wir sind dann gezwungen zu arbeiten, um Geld zu verdienen, um davon wiederum Futter zu kaufen.

Bill Mollison sagte hierzu: „Bedürfnisse, die innerhalb des Systems nicht erfüllt werden können, zwingen uns zu arbeiten, und jede Ressource, die im System nicht verbraucht wird, stellt eine Verschmutzung dar."

Design

Nun ist es an der Zeit, ein wenig zu zeichnen: Verwende den Katasterplan, um einen Plan deines Gartens zu erstellen, und füge die gewünschten Elemente ein.

Denk an die Zoneneinteilung und versuche, Elemente, die Ressourcen austauschen, miteinander zu verbinden. Im Falle des Hühnerstalls und des Gemüsegartens in Zone 1 produzieren die Hühner zum Beispiel den Dünger für den Garten; der Garten im Gegenzug schenkt den Hühnern Nahrung in Form von beschädigtem Gemüse.

Setze die Eigenschaften der unterschiedlichen Elemente jeweils so ein, dass der Ort als Ganzes so viel wie möglich von ihnen profitiert.

Implement (Umsetzen)

Ist die Zeichnung erst einmal fertig, denke an die Umsetzung. Lege einen Zeitplan fest und bereite dich vor. Wenn du zum Beispiel einen Obstgarten mit einem Teich möchtest, dann muss zunächst die Grube ausgehoben werden, bevor Bäume gepflanzt werden können.

Überlege, welche Aufgaben du selbst übernehmen möchtest (und ob du dafür die notwendige Kompetenz hast) und welche durch Fremdarbeit erledigt werden sollen (und ob du die Mittel hast, jemanden zu bezahlen).

Maintain (Pflegen)

Bedenke die Pflege deines Gartens von Anfang an und finde heraus, wie viel Instandhaltung das System langfristig braucht: Wann sind die Gewässer oder der Hühnerstall zu reinigen? Wann müssen die Bauelemente restauriert werden? ...

So viel also zum Design! Beachte allerdings, dass der Gestaltungsprozess nie zu Ende ist – wir müssen unser Grundstück und seine Grenzen stetig beobachten, Ressourcen analysieren und Auswertungsarbeit leisten. Das Design wird sich verändern, schließlich ist immer etwas an Instandhaltungsarbeit zu leisten, und wahrscheinlich werden wir im Laufe der Zeit neue Elemente hinzufügen.

Artenvielfalt

Verbindungen schaffen

Dein Garten ist keine einsame Insel, er ist Teil eines größeren Ganzen. Vögel und Insekten kommen ihn besuchen, unter der Erde machen sich Würmer, Wurzeln und unterschiedliche Organismen von den Nachbargrundstücken zu ihm auf den Weg, der Wind trägt Samen und Blütenstaub heran – und die Liste möglicher Besucher ist damit natürlich noch lange nicht zu Ende.

Ein alter Baum in deiner Nachbarschaft ist eine unschätzbare Ressource. In ihm finden Meisen, Marienkäfer und viele andere Tiere Unterschlupf, die sich in deinem Garten aufhalten und ihn schützen. Unter der Erde bilden seine Wurzeln Symbiosen mit verschiedenen Mykorrhiza-Pilzen und arbeiten so zusammen. Diese Pilze sind in der Lage, Wasser zu speichern und Nährstoffe umzuverteilen. Sie sind überaus nützlich, weil sie deine Pflanzen widerstandsfähig halten und ihnen auf diese Weise so viel Kraft geben, dass sie auf Versorgung durch dich verzichten können (siehe „Pilze“, S. 24). Wenn du deinen Garten planst, berücksichtige die Biotope der Umgebung und versuche, Verbindungen zu ihnen zu schaffen. Sorge dafür, dass das Leben nicht am Eintritt in deinen Garten gehindert wird und dass es sich so viel wie möglich in ihm bewegen kann.

Auf diesem Plan verhindert der Garten die Bewegung zwischen den Wäldern:

Auf diesem Plan verbindet ein Korridor die beiden Wälder; so können sich Wildtiere (Eichhörnchen, Wildschweine …) frei hin und her bewegen:

Wildpflanzen

Lass in deinem Garten so viel Spontanvegetation wie möglich zu. Sie nährt nämlich Vögel und zieht unterschiedlichste Insekten an. Neben ihrer Funktion als Raum für die Artenvielfalt können uns Wildpflanzen in verschiedenen Situationen konkret helfen. Oft lassen sich Probleme mit Blattläusen an Bohnen oder Obstbäumen dadurch lösen, ganz einfach Wildpflanzen wachsen zu lassen. Denn diese bieten vielen Nützlingen Unterschlupf, zum Beispiel Marienkäfern.

Manchmal sind die Probleme aber komplexer: Ameisen züchten Blattläuse heran und verteidigen diese vehement gegen Angreifer – ein sehr häufiges Problem in Obstgärten ohne Spontanvegetation. Die Lösung ist hier einmal mehr, hohe Pflanzen gedeihen zu lassen. Steht ein Ampfer oder ein anderes Wildkraut in der Nähe des Baumes, dann bevorzugen die Ameisen für ihre Zucht oft diese niedrigeren Pflanzen vor dem Obstbaum, der höher ist bzw. weiter vom Ameisenbau entfernt liegt.

Teiche, Tümpel und Wasserläufe

Wasserstellen in deinem Garten ziehen viele Tiere an, die für das Ökosystem und für deine Kulturen sehr nützlich sind, und bieten ihnen Unterschlupf. Die Libelle zum Beispiel verzehrt in ihrem Larvenstadium im Wasser unzählige Mückenlarven. Sobald sie ausgewachsen ist und fliegen kann, verbringt sie ihre Zeit damit, den Großen Kohlweißling und andere Pflanzenfresser zu vertreiben. Die Erdkröte, die unter anderem Schnecken frisst, braucht eine Wasserstelle, um sich fortzupflanzen.

Links: Naturteich mit kleinen Inseln in der Mitte **Rechts:** Ein Frosch im Teich

Schaffe möglichst viele Habitate (Bäume, Holzhaufen, Steinhaufen etc.), sodass dein Garten so vielfältig und widerstandsfähig wie möglich wird.

Schädlinge?

Es gibt viele Tiere, die als Schädlinge betrachtet werden, weil sie im Gemüsegarten Probleme verursachen. Dazu gehören zum Beispiel Nacktschnecken, Blattläuse oder Wühlmäuse. Die viel zu einfache Unterteilung in *Nützlinge* und *Schädlinge* hält uns allerdings davon ab, das komplexe Wirken dieser Tiere wertzuschätzen: Schnecken etwa regulieren Krankheiten, indem sie vor allem die schwachen Pflanzen fressen. Ihre Ausscheidungen bereichern den Boden mit Stickstoff und Phosphor, sie zersetzen organisches Material und helfen so, Humus zu bilden, und sie transportieren Pilzsporen, die für die Pflanzen sehr hilfreich sind. Natürlich sind das nur einige Beispiele – jedes einzelne Tier ist auf vielfache Weise nützlich.

Wir können versuchen, uns vor Nacktschnecken zu schützen, indem wir giftiges Schneckengranulat streuen – eine Praktik, die ich nicht empfehlen würde! – oder diverse Fallen einsetzen. Es gelingt uns, Blattläuse loszuwerden, indem wir uns verschiedener Produkte bedienen (schwarze Seife, Pyrethrum etc.). Für jeden „unerwünschten Gast" im Garten gibt es eine mehr oder weniger biologische Lösung. Wenn wir solche Methoden anwenden, um unsere Kulturen zu pflegen, dann werden wir allerdings jedes Jahr von vorne beginnen müssen. Denn regulierende Kräfte werden sich auf diese Weise bei uns nie einstellen können: Ohne Blattläuse kommen keine Blattlausfresser wie Marienkäfer, ohne Schnecken keine Schneckenfresser wie Laufkäfer.

Wenn ein bestimmtes Lebewesen im Garten Probleme verursacht, ist das in vielen Fällen ein Zeichen dafür, dass es an Artenvielfalt mangelt. Ein solches Lebewesen zu töten löst dieses Vielfaltsproblem nicht, ganz im Gegenteil. In einer Natur, die vom Menschen kaum oder gar nicht gestört wird, gibt es keine Probleme mit Schnecken oder Blattläusen.

Die Natur benötigt manchmal Zeit, um ein Gleichgewicht herzustellen und ihre Probleme selbst zu lösen.

Wenn dein Garten von Nacktschnecken belagert wird und du es deswegen nicht schaffst, Salat oder Gurken anzubauen, kann es sehr lange dauern, bis das System sich von selbst reguliert, bis also Laufkäfer, Igel, Kröten oder andere natürliche Feinde sich bei dir ansiedeln. Währenddessen empfiehlt es sich, die Schnecken punktuell händisch zu entfernen oder auch Enten zu halten (Indische Laufente, Khaki Campbell oder andere) – sie sind sehr geübte Schneckenjäger und greifen Gemüsekulturen kaum an. In jedem Fall gilt: Baue mehr an, als du benötigst, um auf Überraschungen vorbereitet zu sein!

Bei mir stürzen sich die Schnecken oft lieber auf Pilze als auf die Gemüsepflanzen. Hier ein Tigerschnegel, ein großer Fressfeind anderer Schnecken.

Und übrigens: Wenn du Probleme mit Wildschweinen oder Hirschkühen hast, dann ist es sicherlich besser, nicht zu warten, bis auch Bären oder Wölfe sich in deinem Garten angesiedelt haben, um den Bestand zu regulieren. Die bessere Lösung ist manchmal, den Gemüsegarten wirkungsvoll einzuzäunen.

Der Boden

Ein lebendiger Boden

Der Boden ist nicht einfach nur irgendein träges Substrat, das diese oder jene Nährstoffe enthält, nicht bloß eine leichte, sandige oder schwere, lehmhaltige Masse. Der Boden ist voll von Leben:

Darin leben Würmer, die die Erde durchdringen, sie auflockern und durch ihre Ausscheidungen anreichern. In einem Hektar Boden finden wir bis zu fünf Tonnen Würmer – gepflügte, pestizidverseuchte Böden allerdings erreichen selten die 250-kg-Marke. In der Erde leben außerdem unzählige Bakterien, die mit den Pflanzen und anderen Bodenorganismen Symbiosen bilden. (Übrigens lebt fast jedes Lebewesen auf der Erde in Symbiose mit Bakterien.) Und schließlich lebt unter unseren Füßen auch noch eine ganze Reihe weiterer Helfer: Asseln, Algen, Fadenwürmer, Spinnen, Pilze und eine ganze Menge anderer Insekten. In einer Handvoll fruchtbarer Erde können mehr als sieben Milliarden Lebewesen stecken, so viele also, wie es Menschen auf der Erde gibt. Sie entwickeln sich in Zusammenarbeit mit den Pflanzen und machen die Böden fruchtbar.

Pilze

Das, was wir gemeinhin einen Pilz nennen, ist in Wahrheit nur jener Teil von ihm, der der Fortpflanzung dient (nämlich der Fruchtkörper bzw. der sporenbildende Teil). Dieser tritt oft nur in bestimmten Zeiträumen in Erscheinung, der Pilz selbst ist in Wahrheit das ganze Jahr über in Form von weißen Fäden im Boden oder auf Holzstücken vorhanden. Die Gesamtheit dieser Fäden nennen wir das Myzel.

Pilze erweisen uns wertvolle Dienste: Sie ermöglichen die Bildung von Humus, indem sie das Lignin (das Baumaterial von Zellen) im Holz oder Stroh zersetzen. Wie ein Schwamm speichern sie Wasser, das sie dann an die Pflanzen weiterverteilen können.

Die Mykorrhiza ist die Verbindung zwischen Pflanze und Pilz

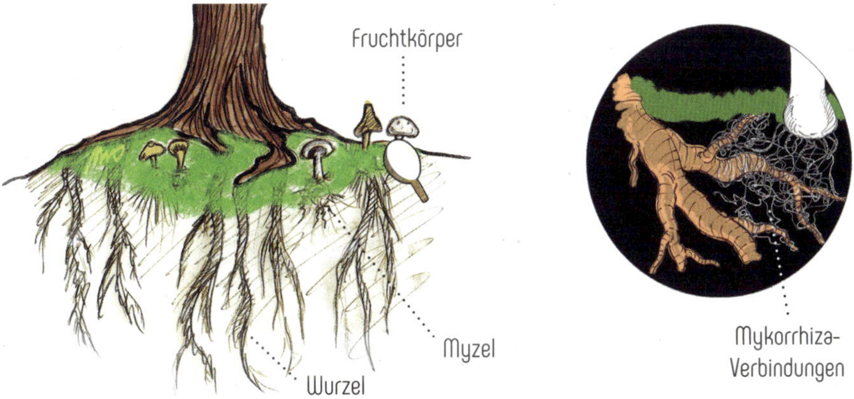

Bestimmte unter ihnen, die Mykorrhiza-Pilze, können sich mit Pflanzen verbinden: Sie liefern ihnen die notwendigen Mineralstoffe und nehmen dafür den Zucker, den die Pflanzen bei der Fotosynthese produzieren. Im Boden erstrecken sie sich über große Distanzen, was die Wurzelsysteme der Pflanzen erheblich verbessert.

Neben ihren Aufgaben, einen fruchtbaren Boden zu schaffen, Wasser zu speichern und Mineralstoffe zu liefern, sind Mykorrhiza-Pilze auch in der Lage, einen Säfteaustausch zwischen verschiedenen Pflanzen herzustellen. Mykorrhizierte Pflanzen können einander auf diese Weise ihre Säfte senden, sich so gegenseitig versorgen und ihre Widerstandskräfte gegenüber Krankheiten und Parasiten austauschen.

Dass im Wald die Bäume und andere Pflanzen nicht bewässert, gedüngt oder behandelt werden müssen, ist zu einem Großteil den Pilzen zu verdanken.

Landwirtschaftliche Praktiken

In der Landwirtschaft ist es leider üblich, die Erde zu pflügen, wodurch der Lebensraum vieler Organismen zerstört wird. Häufig werden außerdem Fungizide, Insektizide oder Herbizide eingesetzt, die fast alles vernichten. Ob nun in der sogenannten konventionellen oder in der Biolandwirtschaft – die Auswirkungen auf das Leben im Boden sind enorm. Gepflügt wird auch in der Biolandwirtschaft, und genauso wird auch dort auf verschiedene Weise schädlich behandelt. Eines der im Biolandbau am häufigsten verwendeten Produkte ist die Bordeauxbrühe (auch Kupferkalkbrühe). Dieses Fungizid zerstört meiner Meinung nach viel zu viele Pilze und bekämpft dabei nur einige wenige Krankheiten. Dennoch muss man sagen: In den meisten Fällen fügt die biologische Landwirtschaft dem Boden deutlich weniger Schaden zu als die konventionelle.

Die Praktiken, die in diesem Buch vorgestellt werden, zielen darauf ab, mit allem Lebendigen zusammenzuarbeiten. Dadurch erhalten wir einen Boden, der immer mehr an Fruchtbarkeit und Leben gewinnt und auf dem immer produktivere, unabhängigere und widerstandsfähigere Pflanzen gedeihen.

Düngen

Gärtnerinnen und Gärtner verwenden oft große Mengen an Düngemittel, um ihre Kulturen zu versorgen. Auf den Packungen aus dem Handel können wir die Buchstabenkombination „NPK“ lesen, gefolgt von Zahlen, die über den Anteil jedes dieser drei Elemente Auskunft geben: **N** steht für Stickstoff, **P** für Phosphor und **K** für Kalium. Diese drei Elemente sind das Minimum an Nährstoffen, die für ein gutes Pflanzenwachstum gebraucht werden. Um aber gesund zu bleiben, benötigen Pflanzen auch Eisen, Kalzium, Magnesium etc.

Stickstoff

Stickstoff stimuliert unter anderem das Wachstum der Blätter und der anderen oberflächlichen Pflanzenteile. Die Luft, die uns umgibt, besteht zu 78 Prozent aus molekularem Stickstoff (Distickstoff N_2). Bestimmte Bakterien im Boden sind in der Lage, diesen Distickstoff in einen Stickstoff umzuwandeln, der von Pflanzen verwertet werden kann. Wir müssen für unseren Garten also keinen Stickstoffdünger kaufen oder ausbringen – es genügt, Pflanzen anzubauen, die mit diesen Bakterien zusammenarbeiten.

Pflanze also nach Wahl Ackerbohne, Grüne Erbse, Gartenbohne, Soja, Erbsenstrauch, Besenginster, Judasbaum, Blauregen, Akazie, Robinie, Ölweide, Sanddorn (und zahlreiche mehr), und du benötigst keinen Stickstoff aus dem Handel. **Achtung:** Blauregen und Robinie sind giftig und daher mit Vorsicht zu verwenden!

Phosphor

Phosphor stärkt die Widerstandsfähigkeit von Pflanzen und unterstützt ihre Wurzelentwicklung. Alles, was lebt, enthält Phosphor: Jedes kleine Insekt, jede Nacktschnecke und jeder Grashalm ist eine Phosphorquelle. In einem lebendigen Boden liefert jedes Lebewesen Phosphor durch das Ausscheiden von Exkrementen und durch Verwesung nach dem Tod. Die Mykorrhiza-Pilze, die im Boden weite Distanzen zurücklegen, sind die großen Spezialisten, wenn es darum geht, dieses Element an Pflanzen weiterzugeben und dafür den zuckerreichen Saft entgegenzunehmen, den diese produzieren. Nicht nötig also, Phosphordünger in der Gärtnerei zu kaufen – es genügt, wenn wir Leben in unseren Garten bringen.

Kalium

Kalium unterstützt Blüte, Fruchtbildung und Knollen. In der Erde ist genug davon enthalten, allerdings manchmal in einer Form, in der es von Pflanzen nicht aufgenommen werden kann. Auch hier sind es die Mykorrhiza-Pilze, die dieses Element für sie verwertbar machen. Ein Boden, der reich ist an totem Holz, Häcksel oder Stroh, enthält solche Pilze – sie treiben mit den Pflanzen regen Tauschhandel, und wir benötigen keinen Dünger mehr.

Das Beispiel Wald spricht für sich: Wälder wachsen, und ihre Böden verbessern sich, ohne dass irgendjemand sie düngen würde.

Mulchen

Das Wort „Mulch" (ursprünglich von mittelhochdeutsch *mul* = zerfallende Erde) kam im 20. Jahrhundert über die englische Sprache zu uns ins Deutsche. Heute wird es von Permakultur-Gärtnerinnen und -Gärtnern rund um den Globus immer häufiger verwendet.

Mulchen bedeutet, den Boden mit verschiedenen Materialien wie etwa Stroh, Heu, Grünschnitt, Häcksel verschiedenster Art, Holz etc. zu bedecken. Die Praktik des Mulchens ist von der Natur inspiriert – auch sie lässt einen Boden nicht gerne unbedeckt.

Das hat einen mehrfachen Nutzen: Mulch hält im Sommer Sonneneinstrahlung und Hitze, im Winter die Kälte vom Boden fern. Er schützt den Boden vor Wind und Regen, sodass dieser nicht erodiert oder verkrustet. Dick genug ausgebracht, sorgt eine Schicht organischer Materialien dafür, dass nicht zu viel Feuchtigkeit aus dem Boden verdunstet, und verhindert, dass allzu invasive Gräser sich ausbreiten. Gleichzeitig schützt und nährt die Mulchschicht die im Boden lebenden Organismen.

Stickstoffreicher Mulch, zum Beispiel Grünschnitt oder Gemüseschalen, ist sehr nahrhaft, allerdings wenig beständig. Zu viel Stickstoff kann außerdem die Pflanzen „verbrennen".

Kohlenstoffreicher Mulch ist beständiger, aber weniger nährend. Das ist etwa bei Stroh oder totem Holz der Fall. Zu viel Kohlenstoff kann vorübergehend einen „Stickstoffhunger" verursachen.

Andere Mulcharten sind dazwischen einzuordnen, etwa Heu oder Blattlaub von Obstbäumen (siehe C/N-Tabelle auf S. 32).

Greife beim Mulchen, wenn möglich, zu lokalen Materialien, und trau dich zu mischen.

Kompost

Das Kompostieren ist ein natürlicher Vorgang, bei dem organisches Material umgewandelt wird. Abfälle werden damit abgebaut, und es entsteht ein fruchtbares Substrat, das wir in den Boden einarbeiten oder als Anzuchterde verwenden können (siehe S. 82).

Manche Gärtnerinnen und Gärtner haben eine feste Meinung dazu, was guter Kompost sei und wie man ihn erzeuge. Das sorgt manchmal für kleine Unstimmigkeiten zwischen jenen, die die „richtige", und jenen, die die „falsche" Methode anwenden. Ähnlich verhält es sich mit der „echten" und der „falschen" Permakultur, mit den „guten" und den „schlechten" Arten zu gärtnern, mit

„Schädlingen" im Gegensatz zu „Nützlingen" und so weiter. Ich lade jeden – und zuallererst mich selbst – dazu ein, hier eine gewisse Demut zu wahren, denn die Dinge sind komplex und die Möglichkeiten vielfältig, in jeder Hinsicht.

Um zum Kompost zurückzukommen, würde ich sagen: Jede Technik bringt ihre Vor- und Nachteile mit sich, wie wir gleich sehen werden.

Tipps für einen optimalen Kompost

Einige dieser Ratschläge sind nicht für alle gleichermaßen umsetzbar, arbeite daher nach deinen Möglichkeiten!

- **Den Kompost in direktem Kontakt zum Erdboden anlegen.** Das ermöglicht den Austausch von Mikroorganismen.
- **Möglichst viele unterschiedliche Materialien mischen.** So wird der Kompost besonders reichhaltig.
- **Wenn möglich, große Mengen herstellen.** Zu kleine Kompostmengen funktionieren nicht immer gut.
- **Den Kompost an einem schattigen Ort platzieren.** Sonne und Trockenheit können den Kompostierungsprozess deutlich verlangsamen.
- **Feuchtigkeit kontrollieren.** Weder zu trocken noch zu feucht ist optimal.
- **Den Kompost nicht in einer Grube unterbringen.** Er benötigt Luft, sonst fault er ganz unten.
- **Tierische Rohstoffe können beigemischt werden.** Hier empfiehlt es sich allerdings, nicht zu übertreiben. Übrigens sind viele biologische Dünger tierischer Herkunft (Hornspäne, Blutmehl etc.).
- **Zitrusfrüchte können auch beigemischt werden.** Sie zersetzen sich etwas langsamer, sind aber in mäßigen Mengen völlig unproblematisch.
- **Vorsicht bei Papier:** Theoretisch sind Papier und Karton kompostierbar, enthalten aber oft zahlreiche schädliche Substanzen.
- **Sticker von Fruchtschalen entfernen.** Die kleinen Etiketten, die auf manchen Früchten kleben, sind voll von umweltschädlichen Farb- und Klebstoffen.
- **Den Kompost an einem leicht zugänglichen Ort platzieren:** Versteckte Komposthaufen ganz hinten im Garten sind oft vernachlässigt. „Guter" Kompost verströmt übrigens keinen Gestank (siehe Zoneneinteilung auf S. 15).

Das C/N-Verhältnis

Bevor wir uns im Detail verschiedenen Methoden der Kompostierung widmen, sehen wir uns zunächst das Kohlenstoff-Stickstoff-Verhältnis (= C/N-Verhältnis) genauer an.

Stickstoffreiche Stoffe

Stickstoffreiche Rohstoffe sind oft frisch, jung, feucht, zart, grün. Darunter fallen zum Beispiel Grünschnitt, Schalen oder Grünlaub.

Stickstoff unterstützt das bakterielle Leben, Stoffe mit hohem Stickstoffgehalt zersetzen sich rasch, sind sehr nahrhaft und halten feucht. Aus ihnen entsteht allerdings wenig Kompost, sie „lösen sich auf". Wenn wir für unseren Kompost nur Küchenabfälle verwenden, werden wir nur geringe verwendbare Mengen Komposterde erhalten. Ideal ist es, stickstoffreiche Rohstoffe mit kohlenstoffreichen zu mischen.

Spitzkohl

Kohlenstoffreiche Stoffe

Kohlenstoffreiche Rohstoffe sind häufig trocken, hart, alt, braun. Das sind zum Beispiel Stroh, Holz oder Herbstlaub. Pflanzen sind zunächst oft reich an Stickstoff und werden mit dem Alter kohlenstoffreich.

Kohlenstoffreiche Rohstoffe begünstigen das Leben der Pilze. Aus ihnen entstehen große Kompostmengen, und sie sorgen für eine gute Durchlüftung. Sie zersetzen sich langsam und sind wenig nahrhaft. Kohlenstoffreiche Rohstoffe werden also idealerweise mit stickstoffreichen gemischt.

Erläuterung

Wenn wir von „stickstoffreichen" oder „kohlenstoffreichen" Rohstoffen sprechen, dann ist das in Wahrheit nur, um die Dinge einfacher zu machen. Das organische Material, das wir verwenden, um Kompost zu erzeugen, enthält nämlich wesentlich mehr Kohlenstoff als Stickstoff. Auch Grünschnitt oder Schalen sind reicher an Kohlenstoff als an Stickstoff. Und dennoch gelten sie als „stickstoffreich". Weshalb?

- Enthält ein Stoff 25- bis 30-mal mehr Kohlenstoff als Stickstoff (C/N von 25 bis 30), gilt er als „neutral".
- Enthält ein Stoff über 30-mal mehr Kohlenstoff als Stickstoff (C/N höher als 30), gilt er als „kohlenstoffreich".
- Enthält ein Stoff unter 25-mal mehr Kohlenstoff als Stickstoff (C/N niedriger als 25), gilt er als „stickstoffreich".

Oft gilt der Grundsatz: Für einen qualitativ guten Kompost, auf den man nicht allzu lange warten muss, sollte man ein C/N-Verhältnis von 25 bis 30 anstreben. Diese Tabelle hilft dir, Überschüsse oder Mängel im Kompost zu identifizieren und auszugleichen.

Rohstoffe und ihr C/N-Verhältnis

Stickstoffreiche Rohstoffe C/N unter 25	Neutrale Rohstoffe C/N 25 bis 30	Kohlenstoffreiche Rohstoffe C/N über 30
Frisches Gras 10–15	Herbstlaub von Obstbäumen	Eichen- oder Platanenlaub 50–60
Tierischer Kot 5–10	Kaffeesatz	Weizenstroh 130
Küchenabfälle 20	Trockenes Gras	Hafer-/Gersten-/ Roggenstroh 50
Urin 0,7	Heu	Sägespäne 250–500
Grünes Blattlaub 10–20	Strohmist	Papier 150
Fleisch 1	Kiefernnadeln	Winterschnittholz 130

Kompostiertechniken

Die unterschiedlichen Kompostiertechniken lassen sich meiner Meinung nach in drei Hauptgruppen zusammenfassen: Kalt-, Warm- und Oberflächenkompostierung. Jedes dieser Verfahren hat natürlich seine Vor- und Nachteile.

Kaltkompostierung

Die Kaltkompostierung ist die meistverbreitete Technik: Wir sammeln Rohstoffe auf einem Haufen oder in einem Komposter und warten, bis sie sich von allein in gebrauchsfertigen Kompost verwandeln.

Mit dieser Methode lässt sich Kompost ohne viel Arbeit herstellen. Allerdings müssen wir uns manchmal lange gedulden, bis der Kompost reif ist.

Warmkompostierung

Bei der Warmkompostierung wollen wir ein hohes Maß an Aktivität erreichen, sodass Wärme entsteht. Das heißt, der Kompost muss regelmäßig gerührt werden und dabei feucht bleiben. Je mehr Stickstoff darin enthalten ist, desto effizienter gestaltet sich der Prozess.

Ein solcher Kompost reift wesentlich schneller als Kaltkompost, und die hohe Temperatur lässt bestimmte Samen und Krankheiten absterben.

Die Warmkompostierung bedeutet allerdings regelmäßige Arbeit durch Rühren. Da Gase und Flüssigkeiten entstehen, gehen fruchtbare Elemente verloren.

Ein Schnellrezept: der Berkeley-Kompost

Mit dieser Methode erhältst du innerhalb von 18 Tagen einen groben, gebrauchsfertigen Kompost.

Zutaten:

- kohlenstoffreiches Material (Stroh)
- stickstoffreiches Material (Grünschnitt)
- Pferdeäpfel, Rinderdung oder Geflügelkot

Die Gesamtmenge sollte mindestens einen Kubikmeter ausmachen.

Den Haufen reichlich gießen und mit einer Plane abdecken. Innerhalb von vier Tagen wird das Innere extrem warm. Umrühren und den Haufen wieder abdecken. Von nun an jeden zweiten Tag rühren. Wenn alles gut funktioniert, ist der Kompost nach 18 Tagen fertig.

Oberflächenkompostierung

Die Oberflächenkompostierung ist zweifellos meine Lieblingsmethode und auch jene, die der Natur am meisten ähnelt. Um diese Technik anzuwenden, reicht es, das Kompostmaterial direkt an den Kulturen auszubringen. Damit der Garten dennoch schön aussieht, verstecken wir die Küchenabfälle zwischen zwei Schichten Mulch. So können wir auch das C/N-Verhältnis ausgleichen. Diese Methode erfordert keinerlei Arbeit: Der Kompost versorgt das Leben direkt an den Kulturen, und es gehen keine Nährstoffe verloren. Allerdings entsteht so kein Kompost für Anzuchterde, weil alles direkt vom Boden verarbeitet wird.

Hügelkultur

Perma- und Hügelkultur werden oft miteinander assoziiert. Es ist allerdings auch möglich, Permakultur ohne Hügelkultur zu betreiben und umgekehrt. Kulturen anzubauen und dabei auf Bodenbearbeitung und Pestizide zu verzichten, geht nicht nur durch Hügelbeete.

So lässt sich aufs Umgraben verzichten:

- Den Boden immer bedeckt halten.
- Vermeide möglichst, auf die Anbauflächen zu treten, um den Boden nicht zu verdichten.
- Möglichst viele Wurzeln in der Erde lassen: eine tote Pflanze eher abschneiden als ausreißen. Die Wurzeln nähren und schaffen Gänge im Boden.
- So viel wie möglich anpflanzen: Je mehr lebendige Pflanzen es gibt, desto höher wird die Bodenqualität.
- Die wilde Flora und Fauna „arbeiten" lassen.

So gelingt es dir, auf Pestizide zu verzichten:

- Mischkultur betreiben.
- Eigenes Saatgut ernten: Es wird sich deinem Boden und deiner Art zu gärtnern anpassen.
- Die Artenvielfalt unterstützen.
- Vor dem Zurückschneiden nachdenken: Beim Schneiden einer Pflanze verursacht man Wunden, durch die Krankheiten leichter eindringen können.
- Möglichst viele heimische Pflanzen anbauen: Sie sind deinem Klima am besten angepasst.
- Mit allen Pestiziden aufhören: Je mehr man sie verwendet, desto unentbehrlicher werden sie.

Neben der Tatsache, dass Hügelbeete nicht unbedingt notwendig sind, ist es gut zu wissen, dass sie auch einige Nachteile haben. Bei gleicher Mulchdecke verdunstet in einem Hügelbeet mehr Feuchtigkeit als in einem flachen.

Hügelbeet mit Heumulch

Hügelbeet mit Umrandung aus Holzplanken

Da das Hügelbeet gewölbt oder erhöht ist, gibt es mehr Luftaustausch und damit mehr Verdunstung.

Als ich in Südfrankreich gewerblich Gemüse anbaute, waren die Bereiche, die keine Bewässerung brauchten, allesamt flache Beete mit einer 20 Zentimeter dicken Schicht Mulch.

Hügelbeete bringen aber auch ihre Vorteile mit sich, und es gibt Techniken, um die Feuchtigkeit im Boden zu halten.

Einfaches Hügelbeet

Hier verwenden wir ganz einfach die Erde der Gänge, häufen sie auf die Beete und legen so einen Hügel an. Um die Ernte zu erleichtern, ist es sinnvoll, das Hügelbeet nicht breiter als 1,20 Meter anzulegen.

Einige Vorteile:

- Die Erdschicht, in der wir unsere Pflanzen anbauen, ist dicker.
- Auf einer gewölbten Oberfläche kann mehr Gemüse angebaut werden als auf einer flachen.
- Der Boden erwärmt sich im Frühling rascher, da die Sonne eine größere Oberfläche anstrahlt.
- Durch die Ausrichtung des Beets kann ein Mikroklima geschaffen werden: Um unterschiedliche Mikroklimata zu erzeugen, können wir Hügelbeete unterschiedlich ausrichten.
- Wasser im Boden kann besser abfließen.
- In einem Hügelbeet gibt es mehr Luft und Lebewesen, die Sauerstoff benötigen. Gemeinsam mit dem Mulch erzeugen diese rasch fruchtbaren Humus.
- Diese Art von Hügelbeet bleibt dauerhaft bestehen.

Lasagnebeet

Bei dieser Variante bilden kohlenstoffreiche Rohstoffe (Stroh, Häcksel etc.) und stickstoffreiche Materialien (Grünschnitt, frischer Mist) das Innere des Hügels. Wie in einer Lasagne schichten wir die unterschiedlichen Rohstoffe abwechselnd übereinander, jede Schicht ist ca. zehn Zentimeter dick.

Die unterste Schicht ist eher kohlenstoffreich und die oberste, gleich unter der Erdschicht, stickstoffreich. Auf diese Weise verhinderst du einen „Stickstoffhunger" bei den Pflanzenwurzeln. Das Beet wird mit einer 20 Zentimeter dicken Schicht Gartenerde bedeckt.

Der große Unterschied zum vorherigen Beispiel ist der, dass sich das Innere hier erwärmt und zu Kompost zersetzt. Das schafft ideale Bedingungen für das Wachstum vieler Gemüsesorten, und die Ergebnisse sind oft beeindruckend.

Dieses Beet allerdings besteht nicht dauerhaft, es zerfällt und sinkt ab. In den meisten Fällen ist das kein Problem: Ein fruchtbarer Boden entsteht, und aus dem früheren Hügelbeet wird eine fast ebene Anbaufläche. Wenn wir wollen, dass es seine Form behält, müssen wir es regelmäßig erneuern.

Hügelbeet aus Holz und Stickstoff

Bei dieser Variante schichten wir Holz, dann stickstoffreiches Material und schließlich Erde übereinander. Damit das Beet gut funktioniert, ist es wichtig, dass das Holz schon ausreichend morsch, mürbe und bröckelig ist. Es dient als

Schwamm, der das Wasser speichert. Der Grünschnitt wiederum setzt die Kompostierungsprozesse im Inneren in Gang.

Es gibt zwei große Unterschiede zum vorigen Beispiel: So ein Beet muss oft nicht gegossen werden. Und da das Holz lange braucht, um sich zu zersetzen, kann dieses Beet mehrere Jahre lang seine Form behalten, ohne dass du es erneuern müsstest.

Vielleicht findest du es eigenartig oder unnatürlich, organisches Material unter der Erde zu vergraben. In einem solchen Hügelbeet allerdings sind unheimlich viel Luft und Leben vorhanden, die Rohstoffe liegen also nicht isoliert im Boden.

Außerdem vergräbt auch die Natur sehr viele organische Rohstoffe unter der Erde: Pflanzen hinterlassen, wenn sie sterben, ihre Wurzeln; Bäume lassen enorme Mengen an Holz unter unseren Füßen zurück. Auch Würmer und andere Bodenorganismen vergraben organisches Material.

Ich plädiere nicht dafür, systematisch organische Rohstoffe unter den Pflanzen zu vergraben, aber wir können feststellen, dass die Natur das auch so macht.

Hügelbeet mit Umrandung

Je nachdem, was uns gefällt, wie unsere Bedürfnisse aussehen und welche Materialien uns zur Verfügung stehen, können wir Hügelbeete auch immer mit einer Umrandung ausstatten.

Natürlich gibt es viele weitere Möglichkeiten, Hügelkulturen anzulegen. Experimentiere ruhig und entwickle deine eigenen Methoden. Wie bei vielen anderen Dingen liegt die Wirksamkeit oft in der Vielfalt: Probiere lieber mehrere Techniken aus als nur eine einzige. Und vergiss nicht, auch auf flachen Zonen anzubauen.

Mischkultur

Jedes Gewächs hat seine individuelle Wurzeltiefe und seine eigenen Mineralstoffbedürfnisse. Das Risiko von Konkurrenz unter den Pflanzen und einer Verarmung des Bodens wird also wesentlich verringert, wenn wir unterschiedliche Pflanzen anbauen. Einige Pflanzen spenden ihren Nachbarn Stoffe, die für sie nicht zugänglich sind. Hülsenfrüchte zum Beispiel binden Stickstoff aus der Luft, Beinwell schöpft Mineralstoffe von tief aus dem Boden.

In einem Permakultur-Garten ist Mischkultur das A und O.

Manche Pflanzen ziehen Nützlinge an oder schützen vor „Schädlingen": Lauch etwa vertreibt die Möhrenfliege, Möhren wiederum vertreiben Lauchmotte und Zwiebelthrips.

Durch diese Nichtkonkurrenz können wir auch sehr dicht nebeneinander anbauen, was weitere Vorteile mit sich bringt: Viele Pflanzen auf einem Stück Erde bilden viele Wurzeln, die den Boden auflockern und sich tief hinuntergraben, um Mineralstoffe nach oben zu holen. Auf dem Weg dorthin ziehen sie Pilze, Bakterien, Würmer, Insekten etc. an. So zehren unsere Pflanzen den Boden nicht aus, sondern bereichern ihn sogar.

Durch Mischkultur entstehen außerdem viele „Barrieren", die Krankheiten oder Schädlinge an ihrer Ausbreitung hindern. Zum Beispiel ist es für die Schwarzrückige Gemüsewanze viel schwieriger, sich von einem Kohl zum nächsten zu arbeiten, wenn sie dazwischen auf eine ganze Horde anderer Pflanzen trifft, die sie nicht interessieren oder sogar abschrecken.

Natürlich kann jede Gärtnerin und jeder Gärtner nach Belieben mischen, wichtig ist nur eine möglichst große Vielfalt. Um eine möglichst hohe Wirksamkeit zu erreichen, sollten die Pflanzen unterschiedlich sein, das heißt, verschiedenen Familien angehören. Wer zum Beispiel Aubergine, Tomate, Paprika, Physalis und Kartoffel mischt, der erhält sehr wenig Vielfalt, denn alle diese Pflanzen gehören zur selben Familie: den Nachtschattengewächsen. Sie sind viel zu ähnlich, als dass sie einander schützen oder versorgen könnten.

Allerdings können auch Pflanzen aus unterschiedlichen Familien einander ähneln, zum Beispiel empfindsam auf die gleichen Angreifer reagieren. Am einfachsten können wir dem entgegenwirken, indem wir auf jeder Parzelle mindestens drei oder vier Familien mischen.

Insekten folgen in erster Linie ihrem Geruchssinn. Daher ist es oft hilfreich, verschiedene geruchsintensive Pflanzen in die Kulturen zu setzen. So gelingt es eventuellen Angreifern schwieriger, sich auszubreiten.

Beim Lesen zahlreicher Bücher zum Thema Pflanzenpartnerschaften musste ich feststellen, dass die Autoren oft zu unterschiedlichen Schlüssen kommen, einander manchmal sogar widersprechen. Nachdem ich selbst auf unterschiedlichen Parzellen mit Mischkultur experimentiert habe, hier nun eine kurze Zusammenfassung meiner Vorgehensweise:

Ich mische möglichst viele unterschiedliche Familien, achte dabei aber darauf, dass jede Pflanze ausreichend Zugang zu Licht hat. Allerdings versuche ich, Hülsenfrüchte (Grüne Erbse, Ackerbohne, Gartenbohne) nicht neben Lauchgewächse (Knoblauch, Lauch, Zwiebel, Schnittlauch) zu setzen, da ich festgestellt habe, dass sie getrennt voneinander besser gedeihen.

Fruchtwechsel und Partnerschaften im Gemüsegarten

Mischkultur sorgt also für mehr Vielfalt und verhindert so die Ausbreitung von Krankheiten und Angreifern jeder Art. Gleichzeitig hilft sie dabei, den Boden zu verbessern.

Fruchtwechsel hat das gleiche Ziel. Die Idee dabei ist es, die Bepflanzung einer jeden Zone im Jahresrhythmus zu verändern: Auf einer Parzelle, auf der Pflanzen gewachsen sind, die gegenüber einer bestimmten Krankheit empfindlich waren, werden nun Pflanzen angebaut, die darauf unsensibel reagieren. Auf Pflanzen, die Stickstoff liefern, folgen Pflanzen, die diesen Stickstoff aufbrauchen, usw.

Als ich noch vom Verkauf von Gemüse lebte, verwendete ich einen Teil meines Gartens für Versuche. Ich wollte auf neue Methoden stoßen und widerstandsfähige Pflanzenpartnerschaften entdecken, die den Boden beleben. Da ich aber auch rasch Einnahmen brauchte, entwickelte ich zugleich ein System aus Fruchtfolge und Pflanzenpartnerschaften, das einfach, produktiv und rentabel war.

Heute verkaufe ich kein Gemüse mehr, sondern möchte mich stattdessen voll und ganz darauf konzentrieren, Wissen weiterzugeben. Daher betreibe ich auch den Fruchtwechsel nicht mehr in großem Stil – in meinem Fall ist eine gute Mischkultur völlig ausreichend.

Es gibt ein Zitat von Konfuzius, das mir sehr gefällt: „Gib einem Mann einen Fisch, und du ernährst ihn für einen Tag. Lehre ihn zu fischen, und du ernährst ihn für sein Leben." Getreu diesem Motto hat sich meine Arbeit vom Gemüseverkauf hin zu einer Lehrtätigkeit entwickelt, und nun gebe ich mein Wissen weiter.

Eine Methode für den gewerblichen Gemüseanbau

Wenn du vorhast, Gemüse gewerblich anzubauen, schlage ich vor, meine Methode nicht einfach nur zu kopieren – denn das, was bei mir effizient und gewinnbringend war, ist bei dir vielleicht anders.

Bei dieser Methode geht es darum, vier Zonen zu schaffen. Wir nennen sie hier Zone A, B, C und D.

- **In Zone A** kommt **Mais**, gemeinsam mit **Kürbisgewächsen** und **Stangenbohnen**. Diese Partnerschaft ist inspiriert von der Milpa (siehe Beschreibung auf S. 101). Kürbisgewächse sind nicht nur Kürbisse – wir können hier zum Beispiel auch Honig- oder Wassermelonen, Zucchini etc. anbauen.
- **In Zone B** kommen **Fuchsschwanzgewächse** und **Kreuzblütler**, wieder mit der Idee, Pflanzen anzubauen, die miteinander gut gedeihen, die durch Fruchtfolge den Boden verbessern und die wirtschaftlich rentabel sind (Infos zu den Familien siehe S. 45).
- **In Zone C** kommen **Kartoffeln**, **Gartensalat** und **Buschbohnen** (oder **andere Hülsenfrüchte**).
  Wenn wir den Gartensalat und die Kartoffeln im April und die Bohnen im Mai anpflanzen, dann sind wir mit der Ernte von Salat und Bohnen schon fertig, bevor wir im Boden herumwühlen müssen, um die Kartoffeln herauszuholen. Durch diese Partnerschaft erhalten wir die gleiche Erntemenge, als hätten wir eine Zone Salat + eine Zone Bohnen + eine Zone Kartoffeln gepflanzt.
- In **Zone D** kommen **Nachtschattengewächse** (außer Kartoffeln) mit **Doldenblütlern** und **Lauchgewächsen.** Diese drei Familien ergeben unendlich viele Kombinationsmöglichkeiten. Lauchgewächse wirken der Ausbreitung von Krankheiten entgegen und vertreiben daneben noch eine ganze Reihe von Parasiten. Doldenblütler ebenfalls, daher die berühmte Partnerschaft Möhre/Lauch. Die Nachtschattengewächse werden von diesen Vorteilen profitieren.

Im Folgejahr bauen wir versetzt an, damit die Böden sich erholen und Krankheiten oder Parasiten sich nicht ansiedeln können: Zone A wird zu Zone D, Zone B wird zu Zone A usw.

In eine Zone, in der eine Kürbiskultur angebaut wurde, werden wir auf diese Weise also drei Jahre lang keinen Kürbis mehr setzen. Dasselbe gilt für Kohl, Mais etc. Hülsenfrüchte kehren ohne Problem jedes zweite Jahr wieder, denn sie liefern dem Boden Stickstoff. Kartoffeln können ohne Schwierigkeiten auf andere Nachtschattengewächse folgen.

Im Winter, wenn manche Zonen leer sind, lässt sich Weizen, Roggen oder Phacelia aussäen oder auch Kompost (bzw. Mist) ausbringen, wenn du welchen hast.

Du kannst so viele Vierergruppen anlegen, wie du möchtest. Natürlich sehen Felder derselben Kategorie oft auch sehr unterschiedlich aus. So ist die eine „Zone D" zum Beispiel mit Möhren, Lauch und Paprika bestückt, eine andere mit Tomaten, Petersilie und Zwiebel und wieder eine andere mit Auberginen, Sellerie und Schnittlauch.

In manchen Fällen ist es einfacher, nicht alle Pflanzen wild durcheinandersprießen zu lassen. Damit wir zum Beispiel Möhren oder Radieschen nicht lange suchen müssen, ist es besser, sie in einer Reihe oder in einem kleinen Feld innerhalb der Zone anzubauen.

Ich persönlich war bei dieser Methode mit dem Fruchtwechsel nie besonders streng und habe freien Platz gerne mit Basilikum, verschiedenen Salaten oder anderen kleinen Pflanzen bestückt.

Im gewerblichen Gemüsebau (auch in der Permakultur) werden die Kulturen oft sehr geordnet angebaut, im privaten hingegen durchmischter. Das Foto stammt aus den „Jardins de Pan".

Direkt an das Haus angebautes Gewächshaus in den „Jardins de Pan", einem Permakultur-Hof in der Region Limousin in Zentralfrankreich.

Pflanzenfamilien

In Klammern stehen die botanischen Fachbegriffe.

- **Kürbisgewächse** (Cucurbitaceae): Kürbis, Zucchini, Honigmelone, Wassermelone, Gurke ...
- **Kreuzblütengewächse** (Brassicaceae oder Cruciferae): Kohl, Rettich/ Radieschen, Senf, Speiserübe, Rucola ...
- **Nachtschattengewächse** (Solanaceae): Tomate, Paprika, Chili, Aubergine, Physalis, Kartoffel ...
- **Fuchsschwanzgewächse** (Amaranthaceae inkl. Chenopodiaceae): Quinoa, Amarant, Mangold, Rote Bete, Spinat ...
- **Lauchgewächse** (Alliaceae): Lauch, Zwiebel, Knoblauch, Schalotte, Schnittlauch ...
- **Doldenblütler** (Apiaceae): Möhren, Sellerie, Kerbel, Dill, Petersilie ...
- **Hülsenfrüchtler** (Leguminosen oder Fabaceae): Gartenbohne, Ackerbohne, Erbse, Linse, Soja ...

Mehrjährige und selbst aussäende Pflanzen

Es gibt unzählige essbare Pflanzen, die mehrjährig sind oder sich selbst aussäen. Mit ihnen gelingt es dir, einen „ewigen Gemüsegarten" anlegen. Sind diese dauerhaften Pflanzen erst einmal da, bleibt fast nichts mehr zu tun, als regelmäßig zu ernten.

Hier eine unvollständige Liste:

- **Artischocke** *(Cynara cardunculus subsp. scolymus)*: große Pflanze mit essbaren Blüten
- **Austernpflanze** *(Mertensia maritima)*: kleine Pflanze mit Austerngeschmack
- **Bärlauch** *(Allium ursinus)*: Er wächst auf kühlen Böden.
- **Beinwell** *(Symphytum officinale)*: Blätter und Blüten schmecken nach Meersalz; sehr vielseitig einsetzbare Pflanze, die man nicht in zu großen Mengen verzehren sollte.

- **Borretsch** *(Borago officinalis)*: hübsche Pflanze mit essbaren Blüten und Blättern
- **Breitblättriger Rohrkolben** *(Typha latifolia)*: kann am Rande von Gewässern kultiviert werden.
- **Buchweizensorte** *Fagopyrum acutatum*: große Pflanze mit essbaren Blättern
- **Daubenton-Kohl** *(Brassica oleracea)*: hochwachsender Kohl, verzehrt werden die Blätter. Mehrjährige Pflanze, einfach zu vermehren.
- **Echte Engelwurz** *(Angelica archangelica)*: Gewürzpflanze. **Vorsicht:** Hier besteht Verwechslungsgefahr mit dem giftigen Schierling und Riesen-Bärenklau!
- **Echter Meerkohl** *(Crambe maritima)*: sehr guter mehrjähriger Kohl, der saure Böden ablehnt.
- **Erdbirne** *(Apios americana)*: Interessant sind die Knollen; windende, ausdauernde Hülsenfrucht (bei warmem Klima können Bohnen geerntet werden).
- **Erdkastanie** *(Bunium bulbocastanum)*: Pflanze, deren Knollen wie Kastanien schmecken und die Größe von Kartoffeln erreichen können
- **Etagenzwiebel** *(Allium cepa var. proliferum)*: sehr wohlschmeckende kleine „ewige" Zwiebel
- **Frühlingszwiebel** *(Allium fistulosum)*: Verzehrt werden die Blätter, die etwas gröber sind als Schnittlauch.
- **Gemüseampfer** *(Rumex patientia)*: ausdauernde Pflanze mit sehr wohlschmeckenden Blättern
- **Gewöhnliche Stockrose** *(Alcea rosea)*: essbare Zierpflanze
- **Helianthi** *(Helianthus strumosus)*: Verzehrt werden die Knollen, verwandt mit der Topinambur.
- **Hodo** *(Apios fortunei)*: Verzehrt werden die Knollen; sehr ausdauernd.
- **Knollen-Platterbse** *(Lathyrus tuberosus)*: Knollen mit Haselnuss- bzw. Kastaniengeschmack
- **Knollen-Ziest** *(Stachys affinis)*: Verzehrt werden die Knollen.
- **Lauchsorte** *Allium cornutum*: wird angebaut wie Schnittlauch, etwas kräftigerer Geschmack.
- **Lauchsorte** *Allium polyanthum*: sehr wohlschmeckender wilder Lauch

- **Lauchsorte** *Allium porrum*: sehr kleiner Lauch mit kräftigem Geschmack
- **Meerfenchel** *(Crithmum maritimum)*: Er kann auf steinigen Böden kultiviert werden, auch an Küsten.
- **Meerrettich** *(Armoricia rusticana)*: Verzehrt wird die fleischige Wurzel mit scharfem Geschmack.
- **Prärie-Rübe** *(Psoralea esculenta)*: Pflanze aus Nordamerika; essbar sind die dicken Wurzeln.
- **Rapunzel-Glockenblume** *(Campanula rapunculus)*: Verzehrt werden die Wurzeln und die jungen Triebe.
- **Rhapontik-Rhabarber** *(Rheum rhaponticum)*: Essbar sind nur die Blattstiele.
- **Zwiebelsorte** *Allium cepa var. aggregatum*: große Zwiebel, sehr ertragreich, wenn sie sich einmal im Garten angesiedelt hat
- **Schlangenlauch** *(Allium scorodoprasum)*: ausdauernde Lauchsorte
- **Schnittlauch** *(Allium schoenoprasum)*: Verzehrt werden die aromatischen Blätter.
- **Sibirisches Tellerkraut** *(Claytonia sibirica)*: mehrjährige Salatpflanze, die auf sauren Böden wächst
- **Strauch-Melde** *(Atriplex halimus)*: Pflanze mit salzig schmeckenden Blättern
- **Tatarischer Meerkohl** *(Crambe Tataria)*: Kohl; verzehrt werden die Wurzeln, ähnlich Radieschen.
- **Topinambur** *(Helianthus tuberosus)*: Pflanze mit sehr wohlschmeckenden Knollen
- **Waldsauerklee** *(Oxalis acetosella)*: Es handelt sich um eine kleine Pflanze mit säuerlichem Geschmack; sie sollte nicht in zu großen Mengen verzehrt werden, da sie Oxalsäure enthält (wie auch Ampfer, Rhabarber und viele andere Pflanzen).
- **Winterportulak** (Gewöhnliches Tellerkraut, *Claytonia perfoliata*): kleine essbare Pflanze, die sich selbst aussät
- **Zimmerknoblauch** *(Tulbaghia violacea)*: ausdauernde Lauchsorte
- **Zuckerwurzel** *(Sium sisarum)*: bereits im Mittelalter kultivierte, aber trotz einfachen Anbaus vergessene Pflanze mit süß schmeckenden, mehligen Wurzeln

Austernpflanze

Der essbare Wald

In unseren Breitengraden „streben“ die meisten Gebiete danach, zu Wäldern zu werden: Würde man sie ungestört lassen, würden sie verwalden. Davon gibt es nur einige Ausnahmen wie Küstengebiete oder felsige Berggipfel, wo Bäume sich nicht ansiedeln können.

Wird ein Gebiet etwa zwanzig Jahre lang sich selbst überlassen, dann sprießen dort die Bäume, und es entsteht ein junger Wald. Dabei kommt es zu folgendem Ablauf: Unbedeckte Erde wird zunächst von rasch wachsenden Pflanzen bedeckt – das sind die, die wir zu Unrecht als „Unkraut“ bezeichnen. Darauf folgen die mehrjährigen Pflanzen und Sträucher, etwa Brombeere oder Schlehe. Ist der Boden durch diese Sträucher erst einmal geschützt, entstehen Pionierbäume, je nach Region sind das Esche, Ahorn oder andere. Wenn Letztere die Oberhand gewonnen haben, dann hat der Wald seine Klimax erreicht, also einen theoretischen stabilen Endzustand. Erst durch einen Sturm oder Brand, oder wenn ein Baum stirbt und umfällt, entstehen Lichtungen, und alles beginnt wieder von vorne.

In der Landwirtschaft oder im Gartenbau bekämpfen wir dieses Phänomen oft – und es wird sehr viel Energie darauf verwendet, diese ökologischen Vorgänge zu verhindern. Es ist erschreckend, wie viele Ressourcen aufgewendet und wie viel

Verunreinigung verursacht wird, um Gräser vom Wachsen abzuhalten. Pflügen bzw. Umgraben und Herbizide sind die Waffen, die in diesem Kampf am häufigsten eingesetzt werden. Auch Hobbygärtner, die ökologisch arbeiten, müssen viel Zeit und Energie aufbringen, zum Beispiel, um unerwünschte Pflanzen von Hand auszureißen.

Die Idee des „essbaren Waldes" zielt darauf ab, diese Kraft der Natur zu nutzen, die in Richtung Wald strebt, ihr dabei aber Bäume und andere Pflanzen anzubieten, deren Früchte, Blätter oder Knollen wir essen können. Wir versuchen also, mit der Natur zu arbeiten anstatt gegen sie.

In einem Obstgarten sind die Bäume oft in geraden Reihen angeordnet und gleich hoch. Ein essbarer Wald hingegen imitiert den natürlichen Wald: Er setzt sich aus Bäumen unterschiedlicher Höhen zusammen, mit Schlingpflanzen, die daran hochklettern (siehe Methode auf S. 172).

Für den essbaren Wald gibt es auch andere Namen. Häufig ist in diesem Zusammenhang von Waldgarten, Speisewald oder Food Forest die Rede.

Nicht alle unsere Gartenpflanzen gedeihen gut in einem Wald. Das heißt: Auch wenn du, so wie ich, Bäume und Wälder magst, ist es sinnvoll, für manche Gemüsearten offene, sonnenbeschienene Zonen bestehen zu lassen. Abgesehen davon ist es in kleinen Gärten nicht immer möglich, sich mehrere Bäume zuzulegen. Dennoch ist vielleicht interessant zu wissen: Es gibt immer wieder Gärtner, die sich aus Zwergbäumen oder Bonsais auf der Terrasse oder dem Balkon essbare Miniwälder schaffen.

Blumen und Blüten

Blüten spielen im Garten natürlich eine wichtige Rolle: Sie ziehen Schmetterlinge an und bieten Bestäuberinsekten Nahrung. Dennoch wird dir auffallen, dass ich Blumen wie etwa Rose, Kamelie, Trompetenblume, Kosmee, Tulpe oder andere fast nie erwähne.

Natürlich darfst du in deinem Garten anpflanzen, was du möchtest – alles vergrößert die Artenvielfalt und ist schön anzusehen. Aber: Wenn wir einen Apfel- oder Kirschbaum pflanzen, dann sind das bereits blühende Bäume. Wenn wir dann Kürbisse, Tomaten, Möhren, Gartensalat, Radieschen anbauen, ergibt das noch mehr Blüten. Eine Pflanze, die Früchte trägt, trägt zunächst Blüten.

Pflaumenbaum in der Blüte

Außerdem freien Platz für Wildpflanzen zu lassen, ist sicherlich das Beste für Nektarsammler. Solche Pflanzen sind ideal darin, Insekten Nahrung zu spenden, denn sie sind es, die sich am längsten mit ihnen gemeinsam entwickelt haben. Ich persönlich baue wenige Pflanzen nur wegen ihrer Blüten an, und trotzdem sind meine Gärten das ganze Jahr über blütenreich und nahrhaft.

Warum ich nicht nach dem Mond arbeite

Ich mag die Idee, sich nicht nur auf sein kleines Stück Land zu konzentrieren, sondern über den Tellerrand zu schauen und auch Einflüsse von außen wahrzunehmen. Insofern hat mich das Gärtnern mit dem Mond immer gelockt, und genauso wie mit dem biodynamischen Gärtnern habe ich mich damit beschäftigt. Um eine etwas klarere Vorstellung von den Praktiken zu bekommen, habe ich eine ganze Reihe von Büchern gelesen und schließlich eigene Experimente durchgeführt.

Meine Experimente

Als ich begann, gewerblich Gemüse zu produzieren, arbeitete ich gleichzeitig auf einem biodynamischen Weingut. Ich hatte daher täglich einen Mondkalender vor Augen und gärtnerte von Berufs wegen mit dem Mond. So begann ich auch selbst zu experimentieren und in meinem eigenen Garten vergleichsweise Felder „nach dem" und „gegen den" Mond zu bewirtschaften: Auf der Hälfte der Felder beachtete ich die Ratschläge, und auf der anderen Hälfte tat ich genau das Gegenteil.

Ich säte also innerhalb desselben Gewächshauses Pflanzen nebeneinander – die einen in günstigen und die anderen in ungünstigen Mondphasen. Ich pflanzte auch im Freiland vergleichend. Dabei habe ich Tausende Pflanzen aus über zweihundert Sorten angebaut und war mit einer wirklich positiven Einstellung an die Sache herangegangen.

Aber: Ich konnte keine wesentlichen Unterschiede feststellen. Manche Kulturen wuchsen besser, andere schlechter, aber unabhängig vom Kalender.

Meine Beobachtungen

Die Natur betreibt dann Aussaat, wenn der Wind Samen verweht, wenn der Schnee sich auf die Gräser auf dem Boden legt oder wenn Tiere Samen verbreiten. Diese Samen keimen dann, wenn die Bedingungen (Feuchtigkeit, Wärme, Licht ...) erfüllt sind – und das sehr unterschiedlich, je nach ihrer Lage: Samen, die auf der Südseite eines Hügels liegen, keimen zum Beispiel vor jenen auf der Nordseite. In der Natur fällt der Zeitpunkt von Saat und Keimung oft unterschiedlich aus von einem Dorf zum anderen, von einer Region zur anderen. Zu welchem Zeitpunkt Pflanzen keimen, hängt etwa davon ab, ob man sich im Süden oder im Norden des Landes befindet. Mondkalender können diese Tausenden Nuancen der unterschiedlichen Mikroklimata nicht berücksichtigen.

Daher: Ohne abzustreiten, dass der Mond einen Einfluss auf Pflanzen haben könnte, achte ich lieber auf das Wetter und auf das Mikroklima in den unterschiedlichen Zonen meines Gartens.

Genieße deinen Garten und nutze den Ertrag daraus bestmöglich.

Teil II
Monat für Monat

Der Grund, warum ich beschlossen habe, die Aktivitäten im Garten überblicksweise nach Monaten aufzulisten, ist einfach erklärt: Ich habe schon viele Hobby- und Profigärtnerinnen und -gärtner kennengelernt, die meinten, im Winter gäbe es im Garten nichts zu tun. Außerdem gibt es da diese Frage, die mir bei Vorträgen oder in anderen Zusammenhängen immer wieder gestellt wird: „Welcher Zeitpunkt ist der beste, um mit seinem Garten zu beginnen? Der Frühling? Der Herbst?"

Meine Antwort ist immer die gleiche: Der beste Zeitpunkt ist jetzt – denn wo auch immer im Jahr wir gerade stehen, es ist immer Zeit, den Garten zu gestalten und darin etwas zu tun.

Die Liste an Vorschlägen, die du auf den folgenden Seiten finden wirst, ist natürlich nicht vollständig. Die Zuordnung zum jeweiligen Monat entspricht meinen persönlichen Erfahrungen.

Wenn du eine breitere Übersicht über die Möglichkeiten in einem bestimmten Monat erhalten möchtest, dann lies am besten auch die Informationen zum vorhergehenden und den nachfolgenden Monaten. Möchtest du also wissen, was im April im Garten zu tun ist, dann empfehle ich dir, die Kapitel zu März, April und Mai zu lesen. Denn: Die Zuordnung nach Monaten ist zwar praktisch, aber den Garten kümmert es ja bekanntlich nicht die Bohne, ob wir nun den 27. März oder den 5. April haben …

Um unseren Garten können wir uns das ganze Jahr über kümmern.

Stute, Eselinnen und Hühner auf meiner Wiese. Die Eselinnen schützen die Hühner ein wenig vor Angriffen durch Füchse.

Pause für die Schubkarre

Januar

Der Januar ist wohl einer der ruhigsten Monate für den Gärtner. Der Garten macht ein bisschen Pause, ist zeitweise bedeckt von einem Mantel aus Schnee oder Eis. Ich muss zugeben: Manchmal lasse ich dem Garten diese Pause.

An milderen Tagen allerdings können wir in den Garten hinaus, um ihn auf den Frühling vorzubereiten, der sich langsam nähert.

Säen, pflanzen und vermehren

Im Garten in Anzuchttöpfen säen: Apfel- und Birnenkerne

Direkt im Garten pflanzen (wenn der Boden nicht zu stark gefroren ist): Knoblauch, junge Bäume und mehrjährige Pflanzen ...

An der Fensterbank im Haus säen: Gartensalat, Kohl, Spinat, Lauch ... Sie werden später nach draußen gestellt.

Stecklinge: Holunder, Maulbeere, Weide, Stachelbeere und Johannisbeere, Weintraube, Brombeere, Hartriegel, Feige ...

Säen

Gartensalat säen

Jetzt wird der Gartensalat gesät, den wir dann zeitig im Frühling ernten können. Damit er ordentlich auskeimt, sollte die Umgebungstemperatur bei mindestens 10 °C liegen, Innenräume sind geeignet.

In einer kleinen Anzuchtschale oder -platte von 10 × 50 Zentimetern gelingt es dir, einfach 50 bis 100 Salate zu säen, die du später draußen auspflanzt. Damit allein hast du genug Salatvorrat für den Frühling.

Apfel- und Birnenkerne säen

So unglaublich das auch klingen mag, aber Obstbäume sind in der Lage, sich dank ihrer Samen (Kerne) zu vermehren und schließlich Früchte hervorzubringen. Die Früchte dienen übrigens dazu, die Samen des Baumes zu verbreiten. Bei Kernobst kann es allerdings passieren, dass die Ergebnisse nicht besonders zufriedenstellend ausfallen. In solchen Fällen ist es möglich später noch aufzupfropfen.

So werden Äpfel oder Birnen gesät: Wenn du Obst isst, behalte die Kerne und stecke sie draußen in kleine, mit Anzuchterde gefüllte Anzuchttöpfe. Das ist wichtig, denn sie direkt im Freien in die Erde zu stecken, führt oft zu Enttäuschungen, wenn verschiedene kleine Tierchen im Garten sie fressen. In jedem Fall müssen wir nun auf den Frühling warten, bis kleine Bäume sprießen.

Wenn wir auf diese Weise Kerne säen, ist uns die Qualität der Früchte nicht sicher – aber wir kriegen kostenlos Apfel- und Birnbäume, und zwar eine ganze Menge. Einige darunter werden hervorragende Früchte bringen.

Junge Apfelbäume in ihren Töpfen

Pflanzen

Knoblauch stecken

Wenn du es im Herbst noch nicht gemacht hast, ist es noch nicht zu spät: Zerteile einige Knoblauchknollen in Zehen und stecke sie ganz in die Erde, sodass nur das spitze Ende heraussteht – hier treiben sie später aus. Du kannst den Boden dann mit einer Mulchschicht bedecken.

Wenn der Boden eher feucht ist, setze den Knoblauch auf Hügel, sodass das Wasser besser abfließen kann. Knoblauch wächst nicht gern auf durchnässter Erde.

Meiner Erfahrung nach ist es nicht notwendig, spezielle Knoblauchzwiebeln für den Anbau zu kaufen. Jede beliebige Bioknoblauchknolle ist geeignet.

Bäume, Schlingpflanzen, Sträucher oder andere mehrjährige Pflanzen anbauen

Wenn die Erde nicht zu stark gefroren ist, ist nun ein guter Zeitpunkt, um mehrjährige Pflanzen anzubauen.

Ein Sprichwort sagt: „Die beste Zeit, einen Baum zu pflanzen, war vor 20 Jahren. Die zweitbeste Zeit ist jetzt.“ Du hast noch den ganzen Winter, um Bäume anzupflanzen. Wenn die Erde durch das Eis nicht allzu hart ist, kannst du es problemlos jetzt tun.

Stecklinge

Links: Stecklinge, die den ganzen Winter über unter einem Baum im Garten bleiben **Rechts:** Wenn ich Stecklinge ziehe, habe ich schon bald viele junge Pflanzen.

Um aus Holunder, Brombeere, Weide, Stachel- oder Johannisbeere, Wein etc. Stecklinge zu ziehen, schneide ca. 10 bis 15 Zentimeter lange Triebstücke ab und entferne eventuelle Blätter. Setze sie in leichte Erde oder Anzuchterde. Stelle die Stecklinge dann an einen schattigen, vor allzu viel Kälte geschützten Ort, an eine Mauer oder unter einen Baum, und gieße sie.

Du kannst die Stecklinge auch in Innenräume oder in einen Eimer stellen, so bilden sie während des Winters neue Blätter. Hole sie aber nicht vor April nach draußen, damit sie keinen Kälteschock erleiden, der für sie tödlich sein könnte.

Bäume und winterharte Pflanzen mulchen

Der Januar ist eine ideale Zeit, um alle winterharten Pflanzen zu mulchen. Während der kältesten Monate sorgt eine gute Mulchschicht dafür, dass das Leben im Boden nicht stirbt oder pausiert.

Es ist wichtig, im Gedächtnis zu behalten, dass winterharte Pflanzen mit Mykorrhiza-Pilzen verbunden sind – sie helfen ihnen, selbstständig zu bestehen. Damit diese Pilze sich in ausreichender Menge entwickeln können, benötigen sie organisches Material.

Es lassen sich unterschiedliche Materialien verwenden, etwa Stroh, Herbstlaub, Äste, Häcksel oder Heu. Jedes dieser Materialien hat seine Vor- und Nachteile, aber alle unterstützen sie das Leben im Boden.

Ich mulche am Fuße eines dreijährigen Baumes, um die Bodenqualität zu verbessern.

Boden für neue Beete aufbereiten

Wenn du neue Beete anlegen möchtest, lohnt es sich, jetzt schon mit der Aufbereitung des Bodens zu beginnen: Bedecke den gewünschten Abschnitt – das kann jedes beliebige Stück deines Grundstücks sein – mit einer 20 bis 30 Zentimeter dicken Schicht an organischem Material. Diese Mulchschicht wird den Boden vor Kälte schützen; sie wird verhindern, dass sich das Leben dort allzu sehr zu verlangsamt, und sie schützt vor zu viel Spontanvegetation. Und das Wichtigste: Die Rohstoffe werden sich zersetzen und den Boden mit Nahrung versorgen. Mit dieser Behandlung ist deine Parzelle im Frühling viel einfacher zu bebauen.

Kompost ausbringen

Wenn du Kompost hast, kannst du ihn auf den Beeten ausbringen. Er wird den Boden anreichern, die Lebewesen im Boden mit Nahrung versorgen und eine gute Temperatur aufrechterhalten. Noch effizienter ist es, wenn der Kompost noch nicht ganz reif ist.

Asche ausbringen

Wer mit Holz heizt, hat jetzt wahrscheinlich Asche zur Verfügung. Verstreue ein wenig davon im Garten. Sie ist sehr nährstoffreich, enthält zum Beispiel viel Kalium und Kalzium. Aber Vorsicht, nicht übertreiben! Eine Handvoll pro Quadratmeter und pro Jahr reicht. Zu viel davon kann im Gegenteil den Boden aus dem Gleichgewicht bringen und einen Nährstoffmangel bei den Pflanzen bewirken.

Den Garten neu organisieren

Warum nicht den Garten neu organisieren, über die zukünftige Bepflanzung nachdenken und zum Beispiel die Anordnung der Gemüsepflanzen ändern?

Während der kalten Tage kann es sehr nützlich sein, einen Stift und ein Blatt Papier zur Hand zu nehmen, einen Plan des Gartens zu zeichnen und aufzulisten, wann welche Aufgaben erledigt werden müssen. Die Zeit, die wir damit verbringen, ein kleines Design zu erstellen, sparen wir im restlichen Jahr.

Solange der Garten nicht unter einer Schneedecke liegt, finde ich immer (sogar im Winter) Blätter für Salat. Im Januar ernte ich Senf, Rucola, Feldsalat, Kohl – hier zum Beispiel Wirsing.

Eine Kräuterspirale bauen

Ganz oben auf der Spirale ist die Sonneneinstrahlung am größten, und die Erde ist trocken. Dorthin kommen wärme- und trockenheitsliebende Pflanzen wie etwa Thymian, Rosmarin, Bohnenkraut. Je weiter es nach unten geht, desto weniger trocken ist der Boden, und desto mehr Schatten ist vorhanden. In die Mitte der Spirale etwa können wir Salbei setzen. Ganz unten ist die Spirale nach Norden ausgerichtet. Dort ist die Erde kühl und feuchter, und wir pflanzen zum Beispiel Kerbel oder Minze.

Die Steine, aus denen die Spirale aufgebaut ist, speichern tagsüber die Wärme und geben diese nachts ab. Gleichzeitig bieten sie Eidechsen oder anderen Tieren Unterschlupf und ermöglichen ihnen so, in diesem Biotop zu leben.

Ich habe die Ruhe im Winter genutzt, um dieses Beet zu planen. Die Kräuterspirale ist in der Permakultur ein sehr bekanntes Modell, denn sie ermöglicht es, auf einer kleinen Fläche unterschiedliche Mikroklimata zu schaffen.

Januar

Wildpflanzen

Der Winter kann ein idealer Zeitpunkt sein, um nach Wildpflanzen Ausschau zu halten. Sie sind eine immense Ressource – wir müssen nichts weiter tun, damit sie gedeihen, und uns nur für sie interessieren, um sie zu entdecken.

Im Januar können zum Beispiel Hagebutte, Raukenähnlicher Doppelsame, Wilde Malve (Käsepappel), Venusnabel, Pfeilkresse oder Taubnessel geerntet werden.

Hagebutte

Venusnabel

Dank Gewächshaus kann ich das ganze Jahr über Gemüse anbauen, auch wenn es draußen kalt ist. Hier: Kohl, Gartensalat und Bohnen.

Februar

Februar

Säen, pflanzen und vermehren

In warmer Umgebung im Haus säen: Aubergine, Paprika, Chili, Wassermelone

Im Kühlen im Gewächshaus oder Frühbeet säen: Blumenkohl, Spinat, Lauch, Gartensalat, Brokkoli

Ende des Monats direkt im Freiland säen/stecken: Ackerbohne, Speiserübe, Schalotte, Steckzwiebeln, Erbse

Pflanzen: Bäume, Schlingpflanzen, mehrjährige Sträucher

Stecklinge: dieselben Pflanzen wie im Januar, siehe S. 57

Durch Teilung vermehren: siehe S. 69

Die Japanische Wollmispel, ein immergrüner Obstbaum, kälteresistent bis –12 °C. Hier unter einer Decke aus Schnee.

Schnee

Die Tage werden langsam länger, und dennoch ist der Februar manchmal der kälteste Monat. Er ist auch einer, in dem wir immer wieder einmal Schnee im Garten haben. Der Schnee erfüllt verschiedene Funktionen, auch wenn wir seinetwegen nicht viel tun können. Er schützt den Boden vor allzu großer Kälte, indem er sich wie ein Mantel über ihn ausbreitet.

Gewächshäuser bauen

Es ist jetzt höchste Zeit, kleine Gewächshäuser oder Frühbeete für künftige Aussaaten zu bauen. Ein paar gut angeordnete Strohballen bilden eine wunderbare Basis für ein Gewächshaus, das die ganze Saison über hält. Danach wird das Stroh als Mulch im Garten eingesetzt. Drei Strohballen (Nord, West, Ost) schaffen eine sehr gute Isolierung, zwei Fensterscheiben (eine südlich und eine als Dach/zur Öffnung) lassen den Sonnenschein ins Frühbeet.

Ein paar Strohballen und recycelte Fensterscheiben ergeben ein sehr effizientes Gewächshaus.

Ein Frühbeet aus Stroh und Glas

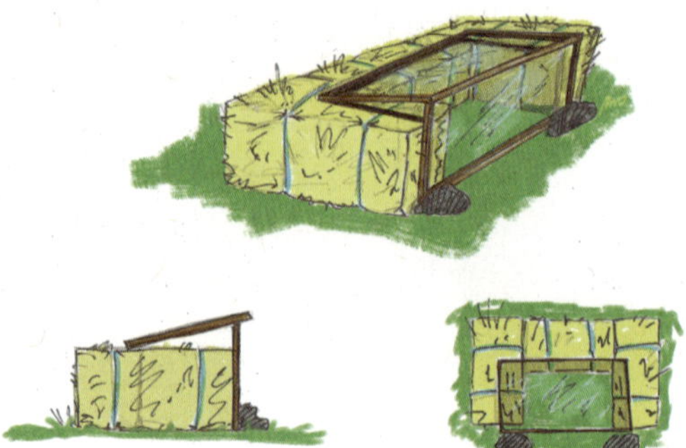

Saatgut prüfen

Es ist sinnvoll, dir im Februar einen Überblick über deine Saatgut-Vorräte zu verschaffen, Bestandsaufnahme zu machen und dir einen Aussaat-Kalender zu überlegen.

Denke daran, immer die ältesten Samen zu verwenden, denn nach einiger Zeit keimen sie nicht mehr so gut. Um die Keimfähigkeit bestmöglich zu erhalten, bewahre dein Saatgut an einem kühlen, trockenen und vor Licht geschützten Ort auf.

Wer wenig oder kein Saatgut mehr hat, für den ist jetzt der ideale Zeitpunkt, um welches zu besorgen. Denn warten wir zu lange, könnten manche Sorten ausverkauft sein.

Jetzt denken wir, wie gesagt, darüber nach, was wir alles an Saatgut im Frühling noch brauchen, und legen einen Aussaat-Kalender an.

Ich hole mein Saatgut hervor und inventarisiere.

Ackerbohnen und Erbsen anpflanzen

Ende Februar ist ein guter Zeitpunkt, um im Gemüsegarten Ackerbohnen und Grüne Erbsen zu säen. Wir können auch unter Bäumen säen, vor allem solchen, die erst vor Kurzem gepflanzt wurden.

Ganz allgemein ist es sinnvoll, unter junge Bäume eine ganze Palette verschiedener Pflanzen zu setzen. So wird der Boden stärker durchwurzelt und damit lebendiger. Spontanvegetation, die sich hier leicht ansiedeln würde, wird dadurch im Zaum gehalten.

Ackerbohne und Grüne Erbse sind Stickstoff bindende Pflanzen. Neben ihrer Funktion als Nahrungsquelle sind sie sehr gute Gründünger: Sie binden (dank einer Symbiose mit Bakterien) den Stickstoff aus der Luft und versorgen damit den Boden und die Bäume. Oft ist es vorteilhafter, unter Bäumen Stickstoff bindende Pflanzen wie etwa Hülsenfrüchtler *(Fabaceae)* anzupflanzen, als Dünger auszubringen.

Um eine Ackerbohne zu säen, stecke sie etwa einen Zentimeter tief in die Erde. Darüber empfiehlt es sich, 15 bis 20 Zentimeter Mulch auszubringen. Die Pflanze durchdringt all den Mulch mit Leichtigkeit. Je größer und dicker die Bohne, desto einfacher ist es für die junge Pflanze, auch dicke Schichten zu durchqueren. Der Abstand zwischen den Bohnen sollte ca. zehn Zentimeter betragen.

Grüne Erbsen werden im Abstand von ca. vier Zentimetern gesät und mit einer zehn Zentimeter dicken Schicht Mulch versehen.

Unter empfindlichen Bäumen kannst du auch Lauchgewächse anpflanzen (Knoblauch, Zwiebel, Lauch, Schalotte, Schnittlauch ...), sie schützen vor Krankheiten.

Aber Vorsicht: Wie schon erwähnt, musste ich feststellen, dass Lauchgewächse *(Alliaceae)* und Hülsenfrüchtler *(Fabaceae)* oft verzwergen, wenn sie nebeneinanderstehen.

Den Boden auflockern

Um im Freiland anzubauen, ist es immer vorteilhaft, einen lockeren Boden zu haben. Wenn wir aber einen Garten anlegen, ist das nicht immer der Fall.

Wenn dein Boden zu fest ist, kannst du ihn mit Hilfe einer Grelinette oder einem ähnlichen Werkzeug bearbeiten – so gelingt es dir, ihn aufzulockern, ohne umzugraben. Ist die Erde erst einmal weicher, bringe eine dicke Schicht Mulch darüber aus. So wird verhindert, dass sie sich wieder verdichtet.

Mit der Zeit und den richtigen Praktiken wirst du diese Hilfsmittel nicht mehr benötigen, weil der Boden das ganze Jahr über locker bleiben wird.

Bäume und Sträucher pralinieren

Um etwa Bäume vor dem Pflanzen optimal vorzubereiten, können wir ihre Wurzeln pralinieren, das heißt, in ein Nährbad tauchen. Wir verwenden dafür eine recht flüssige Masse aus Wasser und gleichen Teilen Kompost und Tonerde. Die Tonerde heftet sich an die Wurzeln, und die Bakterien im Kompost werden dem jungen Baum beim Wachsen helfen. Tauche die Wurzeln dafür einige Minuten in ein solches Bad ein. In vielen Anleitungen wird Rinderdung beigegeben, aber das Rezept funktioniert auch ohne Dung sehr gut.

Ein Pflanzloch für einen Baum graben

Ideal ist es, wenn der Boden schon vorher gemulcht wurde. Wurde mehr als sechs Monate vor der Pflanzung Mulch ausgebracht, dann hat sich der Ort wahrscheinlich bereits wieder mit Leben gefüllt.

Wenn du nun deinen Baum pflanzen willst, entferne den Mulch und grabe ein Loch – je größer es ist, desto rascher wird der Baum seine Wurzeln ausbreiten können. Versuche, kein allzu rundes Loch zu graben, damit die Wurzeln nicht im Kreis wachsen, und lockere den Boden des Pflanzlochs auf, sodass sie weiter in die Tiefe vordringen können. Es empfiehlt sich, einen Stützpfahl anzubringen, damit der Baum sich nicht nach dem Wind zu neigen beginnt.

Setze den Baum ins Loch, fülle das Pflanzloch wieder mit der Erde auf. Bringe, wenn möglich, Kompost an der Bodenoberfläche aus; durch Regen und Bewässerung werden die Nährstoffe nach unten dringen und den Baum versorgen. Bedecke den Boden danach wieder mit dem Mulch und gieße – fertig!

Es empfiehlt sich, Bäume immer so jung wie möglich zu pflanzen, sie wachsen dann oft besser als ältere. Bäume, die zu lange im Topf verbracht oder zu große Teile ihres Wurzelsystem verloren haben, etablieren sich schwieriger an einem neuen Ort.

Pflanzen durch Teilung vermehren

Eine Pflanze durch Teilung zu vermehren, bedeutet, einen Teil von ihr mitsamt den Wurzeln abzutrennen. Manche Pflanzen eignen sich dafür gut, denn sie bilden Ableger (Klone von sich, die ganz von selbst am Fuße der Mutterpflanze sprießen).

Manche mehrjährigen Pflanzen wie etwa Himbeerstrauch, Minze, Feigenbaum, Hasel, Brennnessel etc. können einfach vermehrt werden, indem wir ihre Ableger entfernen und an andere Orte verpflanzen.

Pflanzung eines jungen Kakibaumes mit nackten Wurzeln

Die Hasel bildet viele Ableger. Diese lassen sich ganz einfach abtrennen und als Sträucher pflanzen.

Wollziest: Hübsche, essbare Bodendecker-Pflanze. Manchmal schmeckt sie leicht nach roten Früchten, sie ist allerdings nicht ganz einfach zu essen, da sie stark behaart ist. Ich entferne einen Teil davon aus meinem Beet, achte darauf, dass ich Wurzeln mitnehme, und setze diesen dann an einen anderen Ort im Garten.

Im Mini-Anzuchthaus Stecklinge ziehen

Für den vorigen Monat habe ich gezeigt, wie man mit einer sehr einfachen Methode selbst in großer Menge Stecklinge ziehen kann. In diesem Abschnitt erkläre ich ein anderes Verfahren, diesmal etwas technischer:

Um ein Mini-Anzuchthaus zu basteln, kannst du eine Plastikflasche recyceln, indem du sie etwa auf mittlerer Höhe der Breite nach durchschneidest. Befülle den unteren Teil mit einer etwa zehn Zentimeter dicken Schicht Anzuchterde. Gieße und setze die Stecklinge hinein. Schließe die Flasche, indem du den oberen Teil wieder überstülpst (fixiere mit Klebeband, wenn nötig). Lass die Flasche drinnen stehen und warte. Sobald die Stecklinge Blätter tragen, kannst du den oberen Teil der Flasche abnehmen. Denk daran, unten auf ca. zwei Zentimeter Höhe ein Loch zu bohren, um später beim Gießen Staunässe zu vermeiden.

Mit dieser Technik sind die Erfolgsaussichten gut, auch wenn die jahreszeitlichen Bedingungen gerade nicht ideal sind.

Kiwistecklinge in Mini-Anzuchthäusern aus Flaschen

Der harte Schnitt

Muss ein Baum zurückgeschnitten werden, ist der Februar eine gute Zeit. Es gibt zwar immer mehr Menschen – ich bin einer davon –, die auf das Zurückschneiden verzichten. Bei manchen Bäumen allerdings kann ein Schnitt sinnvoll sein.

Wenn ein Baum zurückgeschnitten wird, dient das im Allgemeinen nicht, wie man oft glaubt, dem Wohl des Baumes. Wir tun das vielmehr, weil wir Holz zum Heizen oder Bauen brauchen, weil wir seine Früchte so besser erreichen oder weil wir wollen, dass mehr Licht durchkommt. Wir schneiden also oft, um unsere eigenen Bedürfnisse zu befriedigen, und nicht die der Bäume – die den Menschen nicht brauchen, um zu wissen, wie sie wachsen sollen.

Ich spreche hier von nicht gepfropften Bäumen – gepfropfte sind oft nicht mehr in der Lage, allein zurechtzukommen.

Unterschlupf für die Tierwelt

Der Winter ist eine gute Zeit, um Unterschlupf für die Tierwelt zu schaffen: Ein Insektenhotel, ein Vogel- oder Igelhaus, ein kleiner Teich für Frösche, ein Haufen aus Steinen oder Holz – all das sind Refugien für die lokale Tierwelt. Im Winter haben wir oft Zeit – wir können diese nutzen, um an unsere Freunde da draußen zu denken!

Versuche gern, auch einen Wildbereich in deinem Garten zu schaffen, einen ruhigen Ort, der nicht gepflegt und nicht zu viel besucht wird. Er wird zu einem Mittelpunkt für die Artenvielfalt werden, und gleichzeitig wirst du darin beobachten können, wie dein Garten sich entwickelt, wenn du nicht einschreitest.

Ein Insektenhotel, gebaut aus Fundstücken aus dem Garten

Hügelbeete – bald können die wärmeren Tage kommen!

Teiche sind Orte mit großer Artenvielfalt.

März

Der März ist ein sehr angenehmer Monat: Die Tage werden länger, und der Frühling kommt und bringt uns sehr schöne Tage. Im Garten bietet sich eine ganze Menge an Aktivitäten für uns an.

Säen, pflanzen und vermehren

In warmer Umgebung säen: Tomate, Wassermelone, Honigmelone, Gurke, Paprika, Chili, Aubergine

Im kühlen Gewächshaus oder Frühbeet säen: Kohl, Spinat, Gartensalat, Mangold, Rote Bete, Lauch, Mais, Sonnenblume, Kapuzinerkresse, Petersilie

Im Freiland aussäen: Radieschen, Gartensalat, Speiserübe, Pastinake, Ackerbohne, Erbse

Im Freiland anpflanzen/stecken: Tobinambur-Knollen, Steckzwiebeln, Schalotte, Kohl, Gartensalat, Lauch, Thymian, Rosmarin, Salbei, Estragon, Bohnenkraut, Schnittlauch, Ampfer, Rhabarber

Säen

Gemüse direkt im Garten säen

Im März können wir zum Beispiel Gartensalat oder Radieschen schon im Freiland aussäen. Oft ist der Umweg über Anzuchttöpfe oder -platten nicht mehr nötig, sondern das Saatgut kommt ganz einfach direkt in die Erde.

Im Freiland säen:

- Mulch vorübergehend entfernen.
- Wenn möglich, eine dünne Schicht (ca. einen Zentimeter dick) Anzuchterde, reifen Kompost oder Humus ausbringen. Wenn diese Rohstoffe nicht zur Verfügung stehen, tut auch die Erde unter der Mulchschicht ihren Zweck.
- Saatgut streuen, dann sanft darüberrechen, um Samen und Substrat leicht zu vermischen.

- Darüber eine feine Schicht Mulch ausbringen (unter einem Zentimeter dick).
- Gießen, dabei Gießaufsatz verwenden.
- Nun nur noch darauf achten, dass die Fläche feucht bleibt, während die Samen keimen und ihre Wurzeln ausbilden.

Um die Keimung zu erleichtern, ist es im März ratsam, in ca. zehn Zentimeter Höhe eine Glasscheibe (Fensterscheibe) über die Aussaat zu legen oder ein Wintervlies auszubreiten.

Links: Ich entferne den Mulch, bevor ich auf der Erde aussäe. **Rechts oben:** Nach der Aussaat decke ich die Zone mit einer Glasscheibe ab, um sie vor Kälte zu schützen und damit die kleinen Pflanzen besser wachsen können. **Rechts unten:** Der im Herbst angepflanzte Brokkoli ist bald schon erntebereit.

In warmer Umgebung Tomaten säen

Jetzt ist ein guter Zeitpunkt, um drinnen mit der Aussaat der Tomaten zu beginnen. Ich weiß: Manche machen das bereits im Februar oder sogar im Winter, aber ich habe es oft ausprobiert und finde: Zu früh gesäte Pflanzen entwickeln sich oft nur sehr träge und benötigen lange Pflege. Im März gesäte Pflanzen wachsen hingegen rasch, weil sie genug Sonne bekommen und die Temperaturen höher sind.

Gesät werden kann bis Anfang April, denn in den meisten Gegenden werden die Tomaten nicht vor dem 15. Mai ausgepflanzt, und zu lange sollten sie nicht in einem Becher oder der Anzuchtschale bleiben.

Um gut keimen zu können, brauchen Tomatensamen Dunkelheit. Bedecke sie daher mit einer dünnen Schicht (mindestens einen Millimeter stark) Anzuchterde. Sie keimen rascher, wenn die Temperatur 20 bis 22 °C beträgt, bei kühleren Temperaturen verlangsamt sich der Keimvorgang.

Ich empfehle, unterschiedliche Sorten zu säen und dir die Zeit zu nehmen, sie zu beschildern, um sie später identifizieren zu können. Du kannst zum Beispiel eine alte Obstkiste in kleine Teile zerlegen, auf die du mit wasserfestem Stift oder Kugelschreiber die Namen der Sorten schreibst. Normalerweise bleibt die Schrift so bis zum Ende der Saison lesbar.

Keimen lassen

Kartoffeln vorkeimen

Der März ist der ideale Zeitpunkt, um Kartoffeln vorzukeimen. Dafür legen wir sie in Kisten und stellen diese an einen hellen Ort, jedoch ohne zu viel direkte Sonneneinstrahlung. Liegen sie im Dunkeln, bilden sie lange, weiße und brüchige Triebe; bei Licht gebildete Triebe sind kürzer und grüner. Mit dieser Arbeit können wir Zeit sparen. Oft werden Kartoffeln gegen Mitte April im Garten gepflanzt. Wenn wir sie im März schon vorkeimen, bringen sie rascher Ertrag.

Es ist nicht unbedingt notwendig, in die Gartenhandlung zu gehen, um Saatkartoffeln zu kaufen. Mit gewöhnlichen Kartoffeln klappt es auch gut. Wenn du keine aus eigener Erzeugung hast, empfehle ich, sie im Biohandel oder bei einem Bioproduzenten zu kaufen. Kartoffeln aus gewöhnlichen Handelsketten sind oft mit Substanzen vorbehandelt, die das Auskeimen verhindern sollen – das verlangsamt den Prozess deutlich. Außerdem ist es immer besser, die Biolandwirtschaft zu fördern anstatt die mit der Chemiekeule.

Es lohnt sich auch, bei Händlern nachzufragen, ob sie vielleicht bereits gekeimte Kartoffeln haben. Manchmal werden diese sehr günstig verkauft, manchmal sogar verschenkt, weil sie nicht mehr verkäuflich sind. Für den Garten aber sind sie absolut brauchbar.

Apfelkerne zum Keimen bringen

Wenn du weder im Herbst noch im Winter Apfelkerne gesät hast (wie auf S. 167 erklärt), hier eine andere, sehr effektive Technik:

- Einen Apfel essen und die Kerne behalten.
- Den Boden eines luftdicht verschließbaren Behälters (eines Einmachglases, einer Frischhaltedose etc.) mit feuchtem Papier oder feuchter Baumwolle auslegen. Darauf die Kerne legen, darüber eine zweite dünne Schicht feuchtes Papier bzw. Baumwolle. Darauf achten, dass die Kerne im Dunkeln schön feucht bleiben.
- Behälter verschließen und für acht Wochen in den Kühlschrank stellen.

Nach acht Wochen sind die Kerne ausgekeimt bzw. stehen knapp vor der Keimung. Danach können sie in Töpfe verpflanzt werden. Mit dieser Technik stehen die Erfolgschancen bei 90 Prozent.

Nach acht Wochen in dunkler und feuchter Umgebung im Kühlschrank haben die Apfelkerne zu keimen begonnen.

Auspflanzen

Einiges von dem, was wir im Januar/Februar gesät haben, kann jetzt ins Freie ausgepflanzt werden. Du kannst innerhalb einer Zone Gartensalat, Kohl und Ackerbohne oder Grüne Erbse mischen – für den Frühlingsbeginn eine gute Mischung.

Ordne Salat und Kohl versetzt an, lass dazwischen je ca. 20 Zentimeter Abstand. In den Zwischenräumen säe Ackerbohne oder Grüne Erbse.

Beispiel für die Anordnung von Kohl, Gartensalat und Ackerbohne

Der im Januar gesäte Gartensalat wartet schon darauf, in den Garten ausgepflanzt zu werden. **Links:** Salat im Februar **Rechts:** Dieselben Pflanzen im März

Junge Pflanzen und Samen vor Kälte schützen

Links: Um gewisse Samen vor der Kälte zu schützen, habe ich aus Stroh und Glas ein Frühbeet gebaut, das wiederum in einem Gewächshaus steht – das funktioniert gut! **Rechts:** In diesem Gewächshaus erzeuge ich Wärme: Innerhalb der Rahmen aus Holz habe ich Pferdemist, Stroh und Grünschnitt übereinandergeschichtet. Das alles habe ich mit Wasser getränkt, damit die Masse sich aufheizt. Darauf stehen die Anzuchtschalen – die Pflänzchen profitieren von der Wärme.

Es gibt viele Techniken, um für die Aussaat warme Temperaturen zu schaffen und zu erhalten – eine davon ist es, innerhalb eines Gewächshauses ein Frühbeet anzulegen.

Im Frühbeet lassen sich auch „Wärmeschichten" anlegen. Verwende dafür kohlenstoffhaltiges Material, zum Beispiel altes Stroh, und stickstoffhaltiges Material, etwa frischen Grünschnitt. Schichte Stickstoff und Kohlenstoff abwechselnd übereinander auf, jede Lage ca. zehn Zentimeter dick. Bilde drei bis vier Lagen je Rohstoff, je nachdem, wie viel du zur Verfügung hast. Tränke die Mischung mit Wasser. Durch die Aktivität der Bakterien wird sich die Temperatur erwärmen, wodurch sich das gesamte Frühbeet aufheizen wird. Du kannst dann in Anzuchtschalen oder Töpfen aussäen, wenn die Temperaturen passend sind.

In diesem System ist es ideal, wenn das Frühbeet abends immer geschlossen und jeden Morgen geöffnet wird – so entstehen keine Probleme durch zu hohe Temperaturen. Wenn das nicht möglich ist, ist es wichtig, eine Belüftungsöffnung zu schaffen, zum Beispiel, indem du die Abdeckscheibe anhebst.

Mulch ausbringen oder entfernen?

Viele Gärtner raten dazu, im Frühling den Mulch zu entfernen, damit der Boden sich aufwärmen und die Kulturen sich besser entwickeln können.

Die meisten unserer Beete können wir aber auch die ganze Zeit über bedeckt lassen. Wenn wir den Mulch im Frühling entfernen, setzen wir den Boden der Sonne, dem Wind, dem Regen aus. Er wärmt sich dann zwar auf, verschlechtert sich aber gleichzeitig. Und was vielleicht noch schlimmer ist: Die Lebewesen fliehen aus dem Bereich, denn die meisten von ihnen können auf nackter Erde nicht überleben.

Bevor wir also darüber nachdenken, wie wir Pflanzen so anbauen können, dass sie rasch wachsen, sollten wir uns darüber Gedanken machen, wie wir den Boden lebendig und gesund erhalten. Denn dann wachsen dort auch Pflanzen, die gesund und unabhängig davon sind, dass wir sie düngen oder häufig bewässern.

Es gibt keine gute oder schlechte Methode – jede hat ihre Vor- und Nachteile, und jeder muss sein Vorgehen wählen. Manchmal kann es zum Beispiel sehr wichtig sein, schnell erntefertiges Gemüse zu erhalten. Wir können dann in auch gewissen Zonen den Mulch entfernen, um den Wachstumsprozess zu beschleunigen, und andere bedeckt lassen, damit dort Pflanzen gedeihen, die mit ihrem Boden in Symbiose leben.

Mulch zu entfernen, kann auch helfen, Nacktschnecken loszuwerden – sie verstecken sich dort gerne. Das ist kurzfristig sehr effektiv, aber mit dem Mulch entfernen wir auch die Fressfeinde der Nacktschnecken, etwa Laufkäfer, Blindschleiche oder andere Schnecken. Langfristig schaffen wir also nicht unbedingt ein Gleichgewicht, wenn wir zu viel Erde unbedeckt lassen.

Links: Junger Kohl im Mulch **Rechts:** Salate mit roter Färbung werden von Schnecken weniger gerne gefressen.

März

Mittel gegen Nacktschnecken

Um diese Zeit kommt es nicht selten vor, dass Nacktschnecken sich auf junge Salat-, Kohl- oder andere Pflanzen stürzen, um sie zu fressen. Damit sich ein Gleichgewicht einstellt, können wir dafür sorgen, dass ihre Fressfeinde sich ansiedeln können. Zusätzlich habe ich aber auch noch einige andere Tipps:

- **Mehr pflanzen als nötig.** Es bleibt immer noch etwas übrig.
- **Gartensalat, Kohl und andere Pflanzen mit roten Blättern anpflanzen.** Sie werden von Nacktschnecken weniger gerne gefressen als grünblättrige.
- **Holz und Stroh im Gemüsegarten ausbringen, sodass sich Pilze bilden.** Schnecken gehen oft lieber auf die Pilze als auf die Gemüsekulturen.
- **Den Pflänzchen eine Woche vor der Auspflanzung in den Garten kleine Teile ihrer Blätter abschneiden, um Schneckenangriffe zu imitieren.** Pflanzen, die angeknabbert werden, verändern leicht ihren Saft und werden so resistenter gegenüber unterschiedlichen Angriffen.

Keiner dieser Tipps ist perfekt, aber sie alle helfen, den Schaden zu begrenzen.

Pflanzerde selbst herstellen

Es ist immer besser, wenn wir uns unsere Anzuchterde selbst herstellen. Wir brauchen sie häufig für die Aussaat, ob nun auf Anzuchtplatten oder in Töpfen. Mit Pflanzerde lassen sich auch zu schwere oder karge Böden verbessern, in denen viele Samen nur schwierig keimen oder richtig wachsen würden.

Gute Pflanzerde kann zu 30 Prozent aus Erde aus dem Garten bestehen. Gartenerde enthält immer ein gewisses Minimum an Lehm. Dieser besitzt die Eigenschaft, Wasser zu speichern, wodurch Feuchtigkeit länger im Boden bleibt. Die jungen Pflanzen wiederum können sich auf diese Weise schon einmal an das Milieu gewöhnen, in dem sie sich später entwickeln werden. Von wenigen Ausnahmen abgesehen, gilt daher: Im Garten gibt es Erde, also nutzen wir sie, sodass wir weniger von den anderen Zutaten benötigen.

Hinzu kommen 30 Prozent Humus aus dem Unterholz. Gibt es Bäume auf deinem Grundstück, dann produzieren diese eine ganze Menge davon – es wäre schade, ihn nicht zu verwenden. Vor der Verwendung wird er gesiebt und von Blattwerk und Ästen befreit. Er macht die Erde leichter.

Den Abschluss bilden 40 Prozent Kompost, reif und gesiebt. Dieser gibt den Pflanzen große Mengen an hervorragender Nahrung, sodass sie wachsen können.

Rezepte für Anzuchterde

Idealrezept

- 30 Prozent Gartenerde
- 30 Prozent Humus aus dem Garten, gesiebt
- 40 Prozent reifer Kompost, gesiebt

Rezept ohne Humus

- 40 Prozent Gartenerde
- 60 Prozent reifer Kompost, gesiebt

Mein Kompost-Rezept

- 50 Prozent frischer Grünschnitt
- 50 Prozent altes Stroh

Alles feucht und durchmischt.

Der Garten in 3-D

Oft stellen wir uns unseren Garten flach vor – sein Volumen ist uns gar nicht bewusst. Wenn wir aber beginnen, in Kubikmetern zu denken anstatt in Quadratmetern, dann offenbart sich uns, wie viel mehr Produktionspotenzial da vorhanden ist.

Es gelingt dir, den Raum bestmöglich zu nutzen, indem du in deinem Garten vertikale Strukturen aufstellst. Nutze zum Beispiel abgeschnittene Äste, um daraus dreibeinige Gestelle zu bauen. Sie dienen unter anderem Bohnen, Gurken oder Kürbissen als Rankhilfe. Bringe darauf Schnüre an, um Tomaten nach oben binden zu können. Viele Pflanzen lassen sich vertikal anbauen. So sparen wir am Boden Platz und verschönern nebenbei noch unseren Garten. Solche Konstruktionen eignen sich eher an der Nordseite des Gemüsegartens. So schützen sie die anderen Pflanzen vor Wind und werfen keinen Schatten über den ganzen Garten.

Aus Bambusstöcken lassen sich Konstruktionen bauen, an denen wir Tomaten befestigen oder an denen Pflanzen sich hochranken können.

Wildpflanzen

Der Frühlingsbeginn ist die ideale Zeit, um Wildpflanzen zu ernten. Sie sind jetzt am zartesten und schmecken noch kaum bitter.

Die Brennnessel etwa kommt nun schon überall zum Vorschein – eine immense Ressource: Sie ist äußerst reich an den Vitaminen C, A und B und enthält Kalzium, Eisen, Kalium, Phosphor, Magnesium, Proteine etc. Wenn du das Glück hast, sie auf dem Grundstück zu haben, zögere nicht und pflücke die jungen Triebe. Die Brennnessel ist eine sehr produktive Pflanze mit vielen Blättern, die über lange Phasen im Jahr essbar sind.

Das Kriechende Fingerkraut gedeiht sehr gut im Garten. Sein wissenschaftlicher Name *Potentilla (reptans)* kommt vom lateinischen *potentia* – das bedeutet so viel wie „Kraft". Es soll die Eigenschaft besitzen, Kraft zu verleihen. Seine kleinen Blätter und Blüten können roh oder gekocht verzehrt werden.

Das Kletten-Labkraut, das dafür bekannt ist, an der Kleidung haften zu bleiben, ist eine essbare, sehr wohlschmeckende Pflanze. Es enthält viel Vitamin C, verzehrt werden vor allem die jungen Blätter.

Wenn du an Pflanze und Bäume gelangen willst, die an deinen Garten angepasst sind, ist es eine gute Idee, eine Runde durch die Natur in der Umgebung zu gehen und zu beobachten, welche essbaren Wildpflanzen dort wachsen, und diese auf deinem Grundstück anzupflanzen – warum nicht? –, falls sie nicht schon dort sind.

In der Vergangenheit aßen die Menschen im Frühling übrigens sehr viele Wildpflanzen. Die winterlichen Vorräte an Kartoffeln, Kürbissen oder anderem Gemüse waren schon aufgebraucht, die Speicher fast leer, und Frühjahrs- und Sommerernte ließen noch auf sich warten. Es war üblich, diese Übergangszeit mit Wildgemüse zu überbrücken.

Links: Kriechendes Fingerkraut **Rechts oben:** Brennnessel **Rechts unten:** Junges Kletten-Labkraut

Birnbaum in Blüte

April

Auch wenn die Tage schon sehr schön und warm sind – Vorsicht: Der April macht, was er will. Besonders die Nächte und Morgenstunden können noch sehr kalt sein.

Säen, pflanzen und vermehren

Im Gewächshaus säen: Kürbis, Zucchini, Mais, Sonnenblume, Petersilie, Basilikum, Gurke, Zucker- und Wassermelone, Kapuzinerkresse, verschiedene Tomatensorten (bei Aussaat von Tomaten um diese Zeit: am besten frühe Sorten wählen, die rasch Früchte tragen)

Im Gewächshaus oder im Haus keimen lassen: Süßkartoffeln (in Stücke zerteilt)

Im Freiland aussäen/pflanzen: Gartensalat, Radieschen, Möhre, Lauch, Rote Bete, Mangold, Spinat, Mais, Petersilie, Schnittlauch, Kartoffel ...

Kürbis und Zucchini säen

Zucchini sind genauso wie viele Kürbissorten relativ einfach zu kultivieren: Die Samen werden in der zweiten Aprilhälfte im Gewächshaus in Töpfen gesät. Sie keimen rasch und wachsen recht schnell, man sollte daher nicht zu früh säen. Diese Pflanzen sind kälteempfindlich, vor dem 15. Mai sollten sie daher nicht schutzlos nach draußen gestellt werden.

Damit wir gute Erträge erhalten, ist es eine sinnvolle Idee, immer mehrere Pflanzen derselben Art zu pflanzen. Eine einzige Zucchinipflanze – übrigens ein Kürbisgewächs – kann zum Beispiel kaum Früchte tragen, denn sie muss bestäubt werden. Es handelt sich dabei um eine einhäusige Pflanze: Ein und dieselbe Pflanze trägt männliche und weibliche Blüten. Oft sind diese nicht gleichzeitig

Kürbisse und Zucchini wachsen sehr rasch und sind recht gierige Pflanzen. Für sie halte ich daher meine größten Töpfe bereit.

April

geöffnet, was die Bestäubung schwierig macht. Um eine reiche Ernte zu erhalten, sind nach meiner Erfahrung vier oder fünf Zucchinipflanzen das Minimum. Was für Zucchini gilt, gilt ebenso für Kürbisse: Um sie direkt im Freiland zu säen, warte am besten bis Mai.

Dieses Gewächshaus wurde aus Betonstahl (sehr günstig) und einer Gewächshausfolie (ca. 100 Euro) gebaut. Die Konstruktion hat mir schon sehr geholfen bei Aussaat, Anbau und Ernte sehr früh im Frühling und spät im Herbst/Winter. Sie hielt über sieben Jahre lang Sonne, Sturm, Hagel, Wind etc. stand. Dann habe ich sie abgebaut, obwohl sie sicherlich noch ein oder zwei Jahre lang funktioniert hätte.

Dasselbe Gewächshaus aus Betonstahl. Manche Pflanzen sind nicht im Topf, sie wurden direkt in die Erde gepflanzt und wachsen dort. Im Gewächshaus bringen sie mehr Ertrag und tragen länger Früchte als draußen im Garten.

Folien schützen die Pflanzen im Garten vor Kälte.

Die jungen Tomaten, die Mitte März gesät wurden, warten noch bis zum 15. Mai, um in den Garten hinauszukommen.

April

April

Dieses Gewächshaus habe ich an die Südseite meines Hauses angebaut. Eines der beiden Fenster lässt sich nach Bedarf öffnen und schließen. Ich mag diesen Bau sehr – im Winter trägt er dazu bei, tagsüber mein Wohnzimmer warm zu halten, in der Nacht wiederum wärmt das Wohnzimmer das Gewächshaus. Die Mauer aus Erde schafft eine gute thermische Trägheit. Im Winter stehen Gewächshaus und Wohnhaus ganz in der Sonne.

Im Sommer spenden die Bäume Schatten – eine natürliche Klimaanlage und sehr effektiv.

Süßkartoffeln keimen lassen

Um Süßkartoffeln anzubauen, müssen wir sie zunächst dafür aufbereiten: Schneide dafür einige Süßkartoffeln jeweils in etwa vier Stücke, je nach Größe. Lege nun jedes davon in einen Topf, gib Anzuchterde darüber und gieße. Lasse sie so bis Juni in warmer Umgebung stehen, halte sie dabei feucht. Im Juni werden sie dann ins Freiland ausgepflanzt. Süßkartoffeln sind wärmeliebende Pflanzen, Kälte ertragen sie nicht. Bevor du dich in das Abenteuer des Süßkartoffelanbaus stürzt, überlege dir, ob du bis September Wärme hast.

Süßkartoffeln zur Keimung vorbereiten

Kartoffeln anpflanzen

Kartoffeln können wir anbauen, ohne dafür den Boden zu bearbeiten – wir bringen dazu nur Grünschnitt und Kompost aus: Bedecke das zukünftige Kartoffelbeet mit einer ca. 30 Zentimeter dicken Schicht Kompost (auch unreifem). Bring darüber eine zehn Zentimeter starke Schicht frischen Grünschnitt aus. Darüber kommen noch einmal eine 15 Zentimeter dicke Schicht Kompost und schließlich eine letzte Schicht Grünschnitt, wieder zehn Zentimeter dick. Bedecke alles mit fünf Zentimeter Mulch und warte eine Woche ab für den Fall, dass sich das Ganze erhitzt.

Nach einer Woche kannst du in diesem Lasagnebeet (siehe Zeichnung unten) in Abständen von ca. 20 Zentimetern die Kartoffeln pflanzen. Die Ergebnisse sind im Allgemeinen ausgesprochen gut, und zwar auf jeder Art von Boden und ohne dass wir uns dafür bei der Bodenbearbeitung den Rücken kaputt machen müssten. Auch die Ernte ist auf diese Weise einfacher: Sie kann mit der Hand geschehen, ohne irgendein Werkzeug.

April

Beispiel für den Anbau von Kartoffeln ohne Bodenbearbeitung

Schritt für Schritt

1. Bereich im Garten wählen
2. 30 cm Zentimeter jungen Kompost aufbringen
3. 10 Zentimeter Grünschnitt darüberlagern
4. 15 Zentimeter jungen Kompost darüberschichten
5. 10 Zentimeter Grünschnitt aufbringen
6. 5 Zentimeter trockenen Mulch als oberste Schicht daraufhäufen.
7. Kartoffeln pflanzen.

Zur Entwicklung dieses Beets siehe Monat Mai (S. 101)

Diese Anleitung muss an die vorhandenen Mittel angepasst werden: Kompost zum Beispiel können wir natürlich nur dann verwenden, wenn wir ihn in großen Mengen zur Verfügung haben. Es ist auch möglich, ausschließlich Grünschnitt zu verwenden, falls nur dieser vorhanden ist. Warte in diesem Fall einen Monat ab, bevor zu pflanzt.

Es gibt unzählige Möglichkeiten: Anzuchterde, Mist, Humus, Gartenerde oder andere Rohstoffe – jedem sein individuelles Rezept!

Links: Um bei der Pflanzung Kartoffeln zu sparen, schneide ich sie in zwei oder drei Teile. So habe ich eine exzellente Ausbeute mit bis zu dreimal weniger Einsatz. **Rechts:** Aus einer einfachen Schale kann eine Pflanze sprießen und reichlich Ertrag bringen.

Um den 15. April: einfache Pflanzung von Kartoffeln unter einer Schicht aus Heu und Kompost.

Pflanzenjauche

Die Brennnesseljauche ist nicht die einzige! Wenn du für deinen Garten gute Pflanzenjauche herstellen willst, lassen sich genau die Gräser dafür verwenden, die dort wachsen.

Seit ich mich mit Wildpflanzen beschäftige, fällt mir auf: Sie wachsen nicht ohne Grund an ihrem jeweiligen Ort. Neben ihrem Nutzen als Produzenten von Biomasse und neben ihrer Funktion als Nahrungsquelle für die Tiere der Natur „heilen" sie auch den Boden, auf dem sie gedeihen.

Einfacher gesagt: Wenn es einem Boden an Stickstoff mangelt, wachsen dort spontan Stickstoff bindende Pflanzen. Weist ein Boden Mängel oder Blockaden in Bezug auf ein bestimmtes Element auf, siedeln sich dort von Natur aus Pflanzen an, die den Mangel beheben oder die Blockade lösen. All das ist Teil der natürlichen Abläufe in der Vegetation.

Zusammengefasst: Die beste Jauche für deinen Garten kommt von den Pflanzen, die sich dort wild ansiedeln. Wenn du diese Pflanzen aus einer Zone entfernst, kannst du die Gelegenheit nutzen und daraus Pflanzenjauche machen!

Links oben: Ich befülle einen Eimer mit Gräsern und Wasser. **Rechts oben:** Solange sich Schaum bildet, rühre ich täglich um. **Unten:** Am Ende wird ausgefiltert. Die Jauche wird gelagert oder in verdünnter Form verwendet.

Wildpflanzen

Bestimmte Wildpflanzen können geerntet und verzehrt werden. In dieser Zeit des Jahres sind das: Beinwell (mit Maß genießen, er enthält nämlich ein Alkaloid namens Pyrrolizidin, das in sehr hohen Dosen giftig ist), die fruchtbaren Triebe des Ackerschachtelhalms, Pfeilkresse, Distel, Veilchen, Löwenzahn, Wilder Schnittlauch, Borretsch, Nordamerikanischer Ramp-Lauch, Knoblauchsrauke, Wegerich, Wilde Malve, Brennnessel …

Rezept für Pflanzenjauche

- Viele verschiedene Wildpflanzen abschneiden oder ausreißen: Quecke, Distel, Wegerich, Ampfer oder Fingerkraut sind zum Beispiel Pflanzen, die viele und sehr unterschiedliche Mineralstoffe enthalten.
- Ein Gefäß (Eimer, Abfallbehälter) locker und mit den Pflanzen befüllen, ohne zu drücken. Kontakt mit Eisen meiden – es kann oxidieren und die Wirksamkeit der Jauche dadurch verringern.
- Pflanzen zerkleinern, z. B. mit einer Schere.
- Wer möchte, kann den Pflanzenschnitt wiegen. Auf zehn Liter Wasser sollte ca. ein Kilogramm Pflanzen kommen. Je höher der Pflanzenanteil ist, desto stärker muss die Jauche vor der Verwendung verdünnt werden. Ich persönlich wiege nicht.
- Den Behälter maximal mit Wasser auffüllen, wenn möglich, kalk- und chlorfrei. Das Beste ist oft Regenwasser.
- Zubereitung mit einem Deckel zudecken und in den Schatten stellen.
- Ca. zehn Tage lang täglich umrühren (je nach Temperatur). Wenn sich beim Umrühren Schaum bildet, bedeutet das, dass die Zubereitung fermentiert. Wenn sich kein Schaum mehr bildet, ist der Fermentationsprozess abgeschlossen.
- Ausfiltern (ich verwende dafür ein Tuch), um die Jauche von den Feststoffen zu trennen. Die Pflanzenabfälle können im Garten ausgebracht werden oder kommen auf den Kompost.
- Die Jauche in luftdichte Behälter abfüllen. So kann Luftkontakt vermieden werden, er führt zu Oxidation.
- Um die Jauche beim Gießen zu verwenden, im Verhältnis 1 : 10 (einen Liter Jauche auf zehn Liter Gießwasser geben) verdünnen. Höchstens bei jedem fünften Gießvorgang einsetzen. Ein toller Dünger sowohl für die Topfpflanzen als auch für den restlichen Garten.
- Die Jauche vor Wärme und Licht schützen. Wenn die Behälter luftdicht verschlossen sind, kann sie bis zu einem Jahr aufbewahrt werden, ohne ihre Wirksamkeit zu verlieren.

Mit den warmen Tagen erwacht der Gemüsegarten wieder zum Leben.

Mai

Säen, pflanzen und vermehren

Direkt im Garten: Gartensalat, Radieschen, Lauch, Mais, Grüne Bohne, Chicorée, Möhre, Tagetes, Ringelblume ...

Im Gewächshaus in kühler Umgebung: Kürbis, Zucchini, Basilikum, Amarant ... In vielen Gegenden kann ab dem 15. Mai alles **direkt ins Freiland gepflanzt** werden. Es ist dennoch sinnvoll, vorsichtig zu sein und die morgendlichen Temperaturen zu beobachten.

Pflanzen kaufen

Wenn wir zum Säen unser eigenes Saatgut verwenden, dann ist es nicht unbedingt notwendig, Pflanzen zu kaufen. Allerdings: Auf Pflanzenmessen oder -börsen oder im Biohandel finden wir oft interessante Arten, die wir noch nicht in unserem Garten haben.

Wenn du also Zeit und Lust dazu hast, geh hin, und sei es nur, um dich inspirieren zu lassen. Viele Landwirte bieten ihre Pflanzen sehr gerne an, und oft findet man dort völlig neue Arten und Sorten. Nutze also die Gelegenheit, um deinen Garten damit ein wenig aufzupeppen.

Es gibt auch Tauschbörsen für Pflanzen. Dort können wir überflüssige Tomaten-, Kürbis- oder Salatpflanzen gegen Wassermelonen, Chilipflanzen oder anderes eintauschen. Wir müssen Pflanzen nicht wegwerfen, wenn andere sie gebrauchen können.

Auspflanzen

Nach und nach können wir jetzt all jene Pflanzen, die keinen Schutz mehr brauchen, aus dem Gewächshaus herausholen. Setze gern einige ausgewählte Pflanzen im Gewächshaus direkt in die Erde. Sie bringen länger Erträge, und wir können so verhindern, dass sich Krankheiten wie Echter und Falscher Mehltau bilden, die oft durch Regen hervorgerufen werden.

In einem Gewächshaus ist es wichtig, für gute Durchlüftung zu sorgen. So können Probleme verhindert werden, die durch zu viel Feuchtigkeit oder Hitze entstehen. Oft empfiehlt es sich, die Türen tagsüber geöffnet zu halten, damit die Luft zirkulieren kann.

Tomaten etwa können den ganzen Herbst und manchmal sogar im Winter Früchte tragen, wenn sie richtig geschützt werden. Sei Anfang Mai noch vorsichtig, wenn du gewisse Pflanzen aus dem Gewächshaus holst, denn die Nächte können da noch sehr kalt sein (je nach Region natürlich).

Wenn zum Beispiel eine Tomatenpflanze einer Temperatur von 4 °C ausgesetzt ist, wird das mit einer hohen Wahrscheinlichkeit für sie den Tod bedeuten. Stirbt sie nicht, so wird sie ein bisschen „blau". Sie wird sich nur schwer erholen und nie mehr so gut wachsen wie ohne die Kälteeinwirkung.

Für Salat, Mangold, Spinat und andere winterharte Pflanzen besteht kaum das Risiko, einen Kälteschock zu erleiden.

Links: Indem ich möglichst viele Pflanzen in den Garten hinaushole, schaffe ich Platz in meinem kleinen Gewächshaus aus Stroh. **Rechts:** Anfang Mai kann man in kalten Nächten Schutzfolien ausbreiten.

Folien, Tücher und Vliese als Kälteschutz

Zum Anbringen von Schutzfolien werden oft kleine Bügel aus Eisen verwendet. Spanne darauf der Länge nach eine Schnur. Die Schutzfolie oder das Gartenvlies kannst du darüber ausbreiten. Es geht aber auch ohne diese Ausrüstung: Stecke ganz einfach zwei Stangen vertikal in die Erde und verbinde ihre oberen Enden mit einer Schnur. Am Abend lege ein altes Bettlaken über die Konstruktion, es dient den Pflanzen als Schutz.

Kälteschutz aus drei kleinen Bambusstangen, einer Schnur und einem alten Bettlaken. Am Morgen muss das Bettlaken entfernt und am Abend wieder ausgebreitet werden.

Flaschen als Kälteschutz

Auch durchgeschnittene Kunststoffflaschen (falls solche ohnehin im Müll anfallen und nicht anderweitig zu recyceln sind) lassen sich für manche Pflanzen als Kälteschutz verwenden. Morgens kann der Verschluss abgenommen werden, abends wird die Flasche wieder verschlossen: So werden Überhitzung oder Kälteschocks vermieden. Mit diesem System können wir einige Wochen gewinnen.

Junge Kürbispflanze, geschützt von einer Flasche

Rizinus pflanzen

Rizinus wird ähnlich gezüchtet wie Mais. Er ist nicht nur eine hübsche Pflanze, er ist auch nützlich, um Nagetiere aller Art ein wenig abzuschrecken. Auf diese hat er nämlich eine abstoßende Wirkung.

In manchen Gärten gibt es viele Wühlmäuse, die Wurzeln fressen. Unter anderem dafür ist es hilfreich, ihn zu kultivieren. Aber **Achtung**: Rizinus ist giftig!

Kartoffeln mulchen

Im Normalfall sind die Kartoffeln, die im April gepflanzt wurden, nun schon schön angewachsen. Wir können sie jetzt ein wenig anhäufeln. Das bedeutet, Rohstoffe wie etwa Kompost, Erde oder auch Grünschnitt etwa zehn Zentimeter dick auszubringen. So werden die Pflanzen in diesem Substrat ihre Kartoffeln hervorbringen.

Links: Ich bringe organisches Material etwa fingerdick aus. **Rechts:** Hier verwende ich Grünschnitt, um meine Kartoffeln anzuhäufeln. Ich verwende regelmäßig jungen Kompost, in dem noch Gemüsesamen vorhanden sind – daher gibt es manchmal Überraschungen wie Kürbisse oder Tomaten, die dann spontan sprießen. Ich mag Pflanzen, die es von ganz allein schaffen, ohne dass ich sie aussäen muss.

Fortsetzung des Schemas von April (S. 92)

8. Wachsen lassen.
9. Wieder Grünschnitt ausbringen.

Die Milpa

Die Milpa, auch die „drei Schwestern" genannt, ist eine Pflanzengemeinschaft lateinamerikanischen Ursprungs: Mais, Kürbis, Stangenbohne. Zunächst wird der Mais gesät, dann, wenn er etwa 15 Zentimeter hoch ist, kommen Bohne und Kürbis dazu.

Der hochwachsende Mais dient der Stangenbohne als Stütze und spendet dem Kürbis Schatten. (Kürbispflanzen mögen die Sommersonne während der heißen Periode nicht besonders). Der Kürbis bedeckt den Boden und verhindert so die Ausbreitung von Spontanpflanzen. Gleichzeitig hält er den Boden schattig und damit kühl. Die Bohne, die am Mais hochklettert, bindet den Stickstoff aus der Luft und versorgt damit den Boden.

Wer das Prinzip der Milpa einmal durchschaut hat, der kann es adaptieren und zum Beispiel Kürbis durch Honigmelone, die Stangenbohne durch andere Kletterpflanzen oder den Mais durch Sorghumhirse ersetzen.

Links: Von der Milpa inspiriertes Beet mit zusätzlich Rizinus **Rechts:** Pflanzengemeinschaft aus Tomaten und Purpur-Prunkwinde

Die Pflanzengemeinschaft Tomate und Prunkwinde

Auf manchen Parzellen können wir die Prunkwinde *(Ipomea)* aussäen, wenn die Tomatenpflanzen etwa 30 Zentimeter hoch sind. Wenn sie wächst, bindet diese Schlingpflanze die Tomaten an ihre Stütze. Das erspart uns sehr viel Zeit, denn wir müssen die Tomaten auf diese Weise nicht händisch befestigen.

Die Prunkwinde kann auch durch Bohnen ersetzt werden, die Stützen aus Holz durch Sonnenblumen – ich glaube, man sollte immer eher selbst nachdenken und jene Partnerschaften finden, die für den eigenen Garten am besten funktionieren, anstatt Althergebrachtes einfach zu kopieren.

Gemüse unter Bäumen anpflanzen

Gemüse lässt sich auch unter Obstbäumen kultivieren: Blattgemüse wie Salat, Mangold oder Spinat trägt oft größere und zartere Blätter, wenn es nicht in der prallen Sonne gedeiht, sondern im Halbschatten. Die Stangenbohne schlingt sich mit Vorliebe um Äste und versorgt den Boden mit Stickstoff. Kürbis und Zucchini klettern ebenfalls sehr gerne. Außerdem ist jeder Dienst, den du für dein Gemüse tust (Gießen, Mulchen …), auch gut für den Obstbaum.

Um Wurzelkonkurrenz zwischen Obstbaum und junger Gemüsepflanze zu vermeiden, empfiehlt es sich, in einer Entfernung von etwa 80 Zentimetern vom Baumstamm einen Hügel anzulegen, um dort das Gemüse zu setzen. Es wächst dann in ausreichendem Abstand zum Wurzelsystem des Baumes. Eine solche Gemeinschaft bringt oft ausgesprochen gute Erträge an Obst und Gemüse.

Links: Diese Linde spendet uns Schatten und viele hervorragenden Blätter für Salate. **Rechts:** Junger Apfelbaum auf einem Gemüsehügel

Pflanzen richtig platzieren

Wenn wir anpflanzen oder säen, müssen wir uns vorstellen, welche Fläche am Boden unsere Pflanzen später einnehmen werden. Auch ist es sinnvoll, über ihre spätere Maximalhöhe Bescheid zu wissen. Durch diese Informationen können wir unsere Pflanzen so positionieren, dass wir den vorhandenen Raum optimal nutzen und den höchstmöglichen Ertrag pro Quadratmeter zu erreichen.

Es gibt mehrere Möglichkeiten, die Fläche zu gestalten. **Oben:** Um von jeder Seite aus eine einfache Ernte zu ermöglichen, platzieren wir die hochwachsenden Pflanzen in der Mitte. **Unten:** Um die Sonneneinstrahlung optimal zu nutzen, kommen die hohen Pflanzen in den Norden.

Beinwell richtig einsetzen

Im Mai blüht normalerweise der Beinwell und zieht viele Bestäuber an. Wenn du ihn erntest, tust damit deinen anderen Pflanzen etwas Gutes. Beinwell ist nämlich reich an Kalium und anderen Elementen, die das Pflanzenwachstum unterstützen.

Wenn du ein Pflanzloch gräbst, lege ganz unten einige Blätter Beinwell hinein. Bedecke sie ein wenig mit Erde und pflanze wie üblich.

Die Ergebnisse sind mitunter beeindruckend! Innerhalb weniger Tage treffen Würmer ein, die das Blattwerk mit Genuss verschlingen. Wenn dir die Vorstellung, organische Rohstoffe zu vergraben, nicht gefällt, dann kannst du alternativ auch einige Blätter unter den Mulch am Fuße deiner Pflanzen legen.

Wenn du keinen Beinwell zur Verfügung hast, dann gibt es viele andere Gräser oder Kräuter, die sich ersatzweise verwenden lassen. Vermeide es allerdings, die Wurzeln einer allzu invasiven Pflanze hineinzutragen – eine solche könnte sich sonst neben deiner Kulturpflanze ausbreiten.

Beinwell. Ich ernte regelmäßig die Blätter und lege sie in Pflanzlöcher, um meine Kulturen in ihrer Entwicklung zu stimulieren.

Während ich meine Radieschen ernte, schaffe ich Platz für die nachfolgenden Gemüsekulturen. Ich versuche immer, meine Beete gut gefüllt zu halten und rasch andere Pflanzen nachfolgen zu lassen. Hier ein Radieschen, das ich auswachsen lasse, um daraus Samen zu erhalten.

Mai

Bewässern

Wenn du etwas anpflanzt, gieße immer. So können die Pflanzen sich mit der Gartenerde besser verbinden. Der Stress, den die Verpflanzung verursacht, kann dadurch ebenfalls abgemildert werden.

Im Garten fordert das Bewässern von Pflanzen viel Zeit. Es ist daher sinnvoll, wenn wir dafür sorgen, dass wir es so selten wie möglich tun müssen. Um eine hohe Gießfrequenz zu vermeiden, lässt sich der Rhythmus so wählen, dass die Pflanzen so rasch wie möglich unabhängig werden. Hierfür gießen wir jede Pflanze großzügig, mit etwa drei bis vier Litern pro Pflanze. Das Wasser wird bis in die Tiefen des Bodens hinuntersickern. Die Wurzeln werden dem Wasser folgen und ebenfalls tief in die Erde eindringen. Im Juni sind die Pflanzen dann bereits gut im Boden verwurzelt, und es ist fast kein Gießen mehr notwendig.

Eine „schlechte" Art der Bewässerung ist es, jeder Pflanze nur ein wenig Wasser zu geben. Die Feuchtigkeit und die Wurzeln werden auf diese Weise an der Oberfläche bleiben, und wenn du zwei oder drei Tage lang nicht bewässerst, trocknet die Oberfläche aus, und die Pflanzen dursten.

Wenn du gießt, achte darauf, dass die Blätter nicht nass werden. Viele Pflanzen, wie Kürbis oder Tomate, mögen es nicht, wenn ihre Blätter feucht sind – das kann Echten oder Falschen Mehltau hervorrufen.

Wenn du eine eigene Wasserquelle hast, sei vorsichtig: Das Wasser ist oft sehr kalt. Trifft es so auf die warmen Wurzeln, kann das zu einem thermischen Schock führen, und das gefällt den Pflanzen gar nicht. Ideal ist es, einen Tank oder eine Tonne mit Wasser zu befüllen – so hast du immer Wasser auf Umgebungstemperatur zum Gießen parat.

Je mehr Pflanzen auf einem Beet oder im Garten ganz allgemein gedeihen, desto besser wird der Boden: Pflanzen nähren unglaublich viele Organismen, die den Boden verbessern, so etwa Pilze, Bakterien oder andere kleine Tierchen. Gleichzeitig lockern sie mit ihren Wurzeln den Boden auf. Sterben sie, dann wird aus ihnen organisches Material, das für die Humusbildung unabkömmlich ist. Und wenn die Pflanzen uns neben all diesen Vorteilen dann auch noch ernähren können – dann sind wir doch im Paradies!

„Wenn der letzte Baum gerodet, der letzte Fluss vergiftet und der letzte Fisch gefangen ist, werden die Menschen merken, dass man Geld nicht essen kann."

Wildpflanzen

Wenn wir von essbaren Wildpflanzen sprechen, dann denken wir oft automatisch an niedrige Gräser und Kräuter. Aber auch Bäume schenken oft reiche Erträge!

Das Blattwerk einer durchschnittlichen Linde entspricht mehreren Hundert Salatköpfen, und das oft auf nicht einmal einem einzigen Quadratmeter Bodenfläche. Die Linde trägt enorm viele Blätter, die im Frühling ganz hervorragend roh im Salat gegessen werden können. Im Sommer, wenn sie dann schon etwas weniger zart sind, können sie besser gekocht wie Spinat zubereitet werden. Das Beste sind alle kleinen Knospen und Blätter.

Die Linde ist das ganze Jahr über, abgesehen vom Winter, eine unerschöpfliche Quelle für Grüngemüse. Ihre Blätter sind essbar, und aus ihren Blüten kann wohlschmeckender Tee hergestellt werden.

In dieser Zeit des Jahres können wir die Blüten von Robinie oder Blauregen ernten und sie zu süßen Teigwaren ausbacken (**Vorsicht:** Hier sind jeweils nur die Blüten essbar, die übrigen Pflanzenteile sind teilweise sehr giftig!) oder Holunderblüten zu Sirup verkochen.

Im Juni müssen die Kulturen nicht mehr vor Kälte geschützt werden.

Juni

In dieser Zeit des Jahres sind die Nächte nicht mehr sehr kalt. In den Gärten ist es nun fast überall möglich, die Schutzvliese und -folien zu entfernen.

Säen, pflanzen und vermehren

Am Monatsanfang säen: Basilikum, Amarant, Gartenbohne …

Außerdem säen: Gartensalat, Endivie, Möhre …

Auspflanzen: Alle Pflanzen, die noch in Bechern, Töpfen oder Anzuchtschalen sind. Süßkartoffeln und Kirschkerne pflanzen.

Stecklinge: Rosmarin, Salbei

Diese Vogelscheuche bringt mehr Menschen zum Lachen, als sie Vögel vertreibt, die die Samen fressen.

Stecklinge

Stecklinge aus Rosmarin

Hat der Rosmarin seine Blüte beendet, können wir die jungen Triebe, die sich über der früheren Blüte gebildet haben, abnehmen und daraus Stecklinge ziehen.

Nimm einige junge Zweige mit 10 bis 20 Zentimeter Länge ab. Entferne jeweils die Blätter von unten bis etwa auf halbe Höhe. Stecke die Zweige in Becher, die du mit Anzuchterde gefüllt hast, und gieße. Stelle sie in den Halbschatten, sobald die ersten Wurzeln auftauchen. Verwende die Blattreste für Tee oder zum Kochen.

Für die Vermehrung schneide ich junge Rosmarinzweige ab.

Rosmarin-Stecklinge

Säen und pflanzen

Kirschkerne säen

Kirschbaum, Apfelbaum und alle anderen Obstbäume sind in der Lage, sich über ihre Samen, die Kerne, zu vermehren, wodurch oft großartige Früchte entstehen. Bei dieser Art Vermehrung bringt Steinobst (nur ein Kern) häufiger gute Früchte hervor als Kernobst (mehrere Kerne).

In dieser Zeit des Jahres beginnen manche Früchte zu reifen, vor allem die Kirschen. Wenn wir sie essen, bleiben die Kerne übrig – warum also nicht säen? Es gibt viele Methoden, aber grundsätzlich ist es sinnvoll, den Kern so rasch wie möglich nach Genuss der Frucht zu verwenden. Kerne sollten nicht in der Sonne austrocknen, sie können dadurch absterben.

Lege die Kerne in Becher, die du mit Erde gefüllt hast, stelle sie nach draußen und kümmere dich nicht mehr darum. Nach der Kälte des Winters werden die Pflänzchen im Frühling aus der Erde dringen.

Noch einfacher: Kratze an einen beliebigen Ort im Garten ein wenig an der Bodenoberfläche, lege den Kern hinein, bedecke ihn mit Erde oder organischem Material wie Stroh oder Häcksel – fertig.

Eine andere Technik, die von den Vögeln angewendet wird: Iss die Frucht und wirf den Kern ganz einfach irgendwohin. Die Erfolgsquote ist mit dieser Methode sehr gering, aber ein paar Bäume werden immer wachsen, ohne dass wir dafür Energie aufwenden müssen.

Wenn du eine beschädigte Frucht hast, dann pflanze sie als ganze Frucht mit Kern und Fruchtfleisch. Der Kern wird auf diese Weise nur sehr langsam trocknen und zum Wachsen alle Nährstoffe zur Verfügung haben.

Viele Kerne müssen einen Winter „erleiden“: So wird die Keimruhe gebrochen, und sie können keimen. Dieser Mechanismus der Bäume stellt sicher, dass die jungen Pflänzchen ihr Leben im Frühling beginnen, wenn die Bedingungen am besten sind.

Süßkartoffeln auspflanzen

Wer im April Süßkartoffeln zum Keimen gebracht hat, für den ist jetzt der ideale Zeitpunkt, sie ins Freiland auszupflanzen.

Die Süßkartoffel hat als Pflanze mit der gewöhnlichen Kartoffel nichts zu tun. Sie ist eine Liane, die wir wie Prunkwinden als Schlingpflanze züchten können – die beiden gehören übrigens auch zur selben Familie, den Windengewächsen *(Convolvulaceae)*. Wenn wir die Süßkartoffel mit einer Rankhilfe stützen, kann sie uns und manchen Kulturen im Gemüsegarten Schatten spenden.

Alles übrige auspflanzen

Jetzt können wir alles, was noch übrig ist, und alles, was bisher noch keinen Platz gefunden hat, im Garten auspflanzen.

Ein leckes altes Aquarium, voll bepflanzt

Auch das Dach meines Wohnzimmers habe ich inzwischen zum Garten umfunktioniert.

Tomaten stützen und festbinden

Der Juni ist der ideale Zeitpunkt, um Tomaten und andere Pflanzen zu stützen und anzubinden. Es gibt schier unzählige Möglichkeiten, das zu tun – hier zwei davon:

- Spanne zwischen drei Stangen eine Schnur, sodass sich ein (horizontales) Dreieck ergibt. In der Mitte steht die Pflanze, die durch diese Konstruktion gestützt wird. Wenn die Pflanze wächst, kannst du nach Bedarf weitere Ebenen hinzufügen.
- Hänge deine Tomatenpflanzen an Schnüren auf. Das ist eine sehr praktische Technik, wenn es über den Pflanzen eine tragende Struktur gibt, an der man Schnüre befestigen kann. Hat eine Pflanze mehrere Arme, lässt sich jeder an einer eigenen Schnur fixieren. Wenn die Pflanze höher wird, reicht es, sie bei Bedarf ab und zu einmal mit der Schnur zu umwickeln, so wird die Pflanze gestützt. Diese Technik lässt sich auch für viele andere Kulturen anwenden, etwa Gurken oder bestimmte Kürbissorten.

In sehr warmen und trockenen Gebieten können Tomaten mit dieser Methode im Halbschatten unter Bäumen gezüchtet werden. Sie wachsen auf diese Weise mitunter sehr hoch hinauf und sind dabei gleichzeitig vor zu starker Hitze geschützt.

Gurken- und Tomatenpflanze in einem aus einer Schnur gespannten Dreieck

Juni

Tomatenpflanze im Gewächshaus, an einer Schnur aufgehängt

Einen Wasserspender bauen

Aus einem Topf lässt sich eine Art automatisches Bewässerungssystem bauen. Nimm dafür einen Blumentopf aus Terrakotta. Wenn er unten ein Loch hat, verschließe es mit einem Korken. Grabe den Topf im Freiland oder im Pflanzkasten in die Erde ein und befülle ihn mit Wasser. Durch Kapillarwirkung tritt die Feuchtigkeit nach und nach aus dem Terrakottatopf in den Boden.

Der Behälter kann oben offen bleiben, damit Bienen oder Vögel trinken kommen. Manchmal fressen die Vögel die Früchte im Garten nur deswegen, weil sie Durst haben.

Um zu verhindern, dass sich Mücken ansammeln oder das Wasser verdunstet, kann der Behälter aber auch mit einem Brett abgedeckt werden. Entscheide selbst, was für deinen Garten und seine Vielfalt passender ist.

Links: Ich verschließe die Topfunterseite mit einem Korken, um aus ihm einen Wasserspender zu basteln. **Rechts:** Ist er mit Wasser befüllt, kümmert er sich um die Bewässerung des Beets und ist gleichzeitig eine Tränke für Vögel.

Juni

Wer Verdunstung oder Mücken vermeiden möchte, der deckt den Topf ab.

Ein paar Worte zum Gießen ...

Mitten am Tag bei voller Sonneneinstrahlung zu bewässern, ist nicht optimal und nach Möglichkeit zu vermeiden. Wenn wir stattdessen früh am Morgen gießen, trocknet die Erde rasch, und wir können verhindern, dass Krankheiten entstehen, die durch zu viel Feuchtigkeit ausgelöst werden. Wenn wir abends gießen, dann können unsere Kulturen das Wasser im Boden optimal nutzen. Entscheide selbst!

Wildpflanzen

Letzten Monat haben wir gesehen, dass die Blätter der Linde essbar sind. Jetzt, im Juni, hat der Baum viele Blüten, die wir ernten können. Um diese Zeit entsteht der berühmte Lindenblütentee.

Sumpfige Gebiete sind hervorragende Orte, um essbare Wildpflanzen zu finden. Der breitblättrige Rohrkolben *(Typha latifolia)* lässt sich jetzt ernten. Diese Pflanze ist sehr einfach anzubauen, wenn man ein Gewässer hat. Verzehrt werden die jungen Rhizome (unterirdische Sprossachsen) und die jungen Triebe mit ihrem weißen Inneren.

Im Gewächshaus mische ich möglichst viele unterschiedliche Kulturen – Ziel ist es, das ganze Jahr über verschiedenstes Gemüse ernten zu können.

Im Juli blühen die Radieschen, die im Frühling gesät wurden.

Juli

Wenn alles gut geklappt hat, dann steht der Gemüsegarten jetzt in voller Pracht und hält seine Versprechen.

Der Juli ist auch eine gute Gelegenheit, eine erste Bilanz zu ziehen, indem wir uns ansehen, was an unseren gärtnerischen Techniken nicht funktioniert hat, was nicht gewachsen ist. Denke in diesem Fall immer daran: Ein Scheitern gibt es nicht. Hier ist der Punkt, an dem wir zu lernen beginnen. Und aus Misserfolgen lernen wir viel mehr als aus Erfolgen!

Wie auch immer die Qualität deiner Ernte ausfällt und wie groß die Erträge sein mögen: Jetzt ist es Zeit, an Herbst und Winter zu denken.

Säen, pflanzen und vermehren

Säen: Rucola, Gartensalat, Kohl, Gartenbohne, Speiserübe, Lauch, Radieschen, Spinat, Möhre, Endivie, Obstkerne ...

Wenn wir wollen, dass der Garten im Herbst Erträge bringt, ist es wichtig, im Juli zu säen. Im Herbst kann es außerdem schwierig sein, Jungpflanzen zu finden.

Saatgut gewinnen: aus Tomate, Gartensalat ...

Obstkerne säen

Ein Aprikosenkern wird gepflanzt.

Der Sommer ist die ideale Zeit, um Früchte jeder Art zu ernten. Du kannst die Kerne von Nektarinen, Pflaumen, Aprikosen, Pfirsichen behalten und säen.

Wenn du sie in die Erde steckst, stehen die Chancen gut, dass du im Frühling kostenlos kräftige junge Obstbäume hast.

Wenn ein Kern keimt, bildet er eine große Pfahlwurzel, die sehr tief in die Erde eindringt. Darüber wächst ein kleiner Baum. Auf diese Weise entstehen Bäume, die sich selbst mit Wasser versorgen können und die Mineralstoffe von tief aus dem Boden holen. Damit sie wachsen, brauchen wir ihnen sonst nichts zu geben. Du erhältst so einen kostenlosen Obstgarten mit einer unglaublichen genetischen Vielfalt, denn aus jedem Kern, den du pflanzt, entsteht ein einzigartiger Baum, anders als bei Stecklingen oder Pfropfung.

Auch wenn die Früchte dieser Bäume nicht außerordentlich groß sind – sie werden gut schmecken, und im schlimmsten Fall kann man später immer noch aufpfropfen.

Obstbäume aus Kernen, ohne Schnitt, ohne Düngung und ohne Behandlung. Sie bringen reichlich wohlschmeckende Früchte.

Juli

Aus Tomaten Saatgut gewinnen

Es gibt viele Schulen und Methoden, wenn es um die Gewinnung von Saatgut geht. Hier stelle ich meine Technik vor, die seit mehr als zehn Jahren großartig funktioniert. Meine Pflanzen gewöhnen sich immer mehr an meinen Garten und meine Methoden des Gärtnerns, sie sind allen Krankheiten gegenüber sehr widerstandsfähig und benötigen keinerlei Behandlungen.

Saatgut aus Tomaten lässt sich sehr gut selbst erzeugen. Man muss hier nicht auf die Bestäubung achten, Tomatenpflanzen befruchten sich nämlich in den meisten Fällen selbst. Ein Hinweis: Meide für diesen Vorgang F1-Pflanzen (Kreuzungen aus verschiedenen Sorten) – aus ihnen entstehen keine guten Früchte.

Wenn du Saatgut erzeugen möchtest, greife zu deiner besten Pflanze, die am besten gewachsen ist und mit deinen Methoden die meisten Erträge gebracht hat. Ihre ersten und besten Früchte sind ideal, um Samen zu entnehmen.

Hier eine Technik, die gut funktioniert und mit der es dir gelingt, die Samen problemlos knapp zehn Jahre lang aufzubewahren:

- Eine schöne Tomate wählen, die an einer guten Pflanze gewachsen ist.
- Die Tomate der Breite nach durchschneiden – so kommst du an die Samen.
- Die Samen mit Fruchtfleisch in ein Glas geben.
- Etwas Wasser beigeben.
- Ca. drei Tage lang fermentieren lassen (je nach Temperatur). Die Kerne sind von einer schleimigen Schicht umgeben, die keimhemmend wirkt. Innerhalb von drei Tagen löst sie sich auf, und an der Wasseroberfläche entsteht ein wenig weißer Schaum.
- Die Kerne waschen.
- Einige Tage trocknen lassen, eher im Halbschatten. Samen nach der Trocknung in eine kleine Tüte geben und Sorte und Erntejahr aufschreiben.
- Luftdicht verschlossen, kühl und lichtgeschützt aufbewahren. Auf diese Weise sind die Samen lange haltbar.

Aus ein paar Tomaten erhältst du mühelos Hunderte Samen.

Saatgut aus Tomaten gewinnen

Ernte

Zucchini ernten

Ernte deine Zucchini am besten, wenn sie noch relativ klein sind. Warte nicht, bis sie allzu groß werden, vor allem nicht, um deine Freunde damit zu beeindrucken. Die Pflanzen sind oft produktiver, wenn wir regelmäßig die jungen Früchte ernten, die im Übrigen auch wesentlich besser schmecken. Wenn du daraus allerdings Samen gewinnen möchtest, dann musst du die Frucht wachsen lassen, bis sie so groß ist wie ein Kürbis. Das ist der Zeitpunkt, an dem die Samen innen reifen, und du erhältst daraus Saatgut für das nächste Jahr. Wenn du die Früchte jung erntest, sind ihre Kerne noch unreif und nicht verwendbar.

Links: Zucchini „Runde von Nizza" **Rechts:** Auf einem Lasagnebeet wird Gartensalat riesig!

Juli

Gartensalat ernten

Wenn du Gartensalat erntest, empfehle ich, die Pflanze nicht auszureißen. Schneide den Kopf ab, und du wirst bald feststellen: Aus seinen Wurzeln sprießen weitere kleine Salatköpfe. Sie werden kleiner sein als der erste, geben aber dennoch hübsche Pflänzchen ab. Das klappt ganz einfach zwei- oder dreimal, dann stirbt die Pflanze. Bei Lauch ist es übrigens ebenso!

Wenn du aus Gartensalat Saatgut gewinnen möchtest, dann wähle die schönsten und größten Köpfe aus, die du am liebsten essen würdest – und lass die Finger davon! Lass sie stehen, bis sie blühen und Samen hervorbringen. Verwende in dem Fall nur die etwas weniger schönen Pflanzen zum Essen. Wenn du mehrere Jahre lang auf diese Weise aussortierst, wird dein Garten bald nur noch wunderbar große Salatköpfe hervorbringen.

Um sich auf seine Vermehrung vorzubereiten, entwickelt der Gartensalat kleine, meist gelbe Blüten. Sind diese verblüht, bilden sich viele kleine weiße Härchen. Die Samen haften an ihrer Spitze. Jetzt musst du die Pflanze nur noch abschneiden und über einem großen Gefäß schütteln, und du erhältst riesige Mengen an Saatgut.

Junge Kartoffeln ernten

Mit der Anbaumethode, die in diesem Buch beschrieben ist (siehe S. 91), kannst du Kartoffeln ernten, ohne dabei die Pflanze als solche zu zerstören. Du kannst einfach in der Erde wühlen und die benötigte Menge herausholen. Wenn du dabei nicht zu harsch vorgehst, bleibt die Pflanze am Leben, wächst weiter, und die Knollen, die du im Boden gelassen hast, werden größer. Wenn die Pflanzen später ganz trocken sind, kann alles geerntet werden.

Es passiert sehr häufig, dass Kartoffeln im Boden zurückbleiben. Viele davon treiben im Frühling wieder aus, ohne dass du irgendetwas dafür tun musst. Kartoffeln können auf diese Weise zu hervorragenden mehrjährigen Pflanzen werden.

Kartoffelernte, bei der die Pflanzen stehen bleiben

Mix aus Blumen und Gemüse auf einem Hügelbeet

Pflanzen festbinden

Unsere Tomaten und alle anderen Pflanzen, die klettern oder die wir dazu bringen wollen, müssen weiterhin gestützt und festgebunden werden. Manche Kürbisarten klettern ganz von selbst, aber wenn wir sie ein wenig leiten wollen, dann binden wir sie dort fest, wohin sie sich entwickeln sollen. Einer der Vorteile, Pflanzen nach oben klettern zu lassen, ist, dass wir so am Boden Platz sparen.

Der sanfte Schnitt

Es ist üblich, Bäume im Winter zurückzuschneiden, und das meist auf eine sehr harsche Art. Auf radikale Schnitte empfehle ich allerdings zu verzichten, und vor allem sollten wir vielmehr jetzt beschneiden – das ist für die Pflanzen wesentlich unproblematischer.

Ein Schnitt verursacht nämlich immer Trauma und Stress, und es gibt dafür viel sanftere Techniken: Es genügt, zwischen Juni und September mit einer Heckenschere in der Tasche über das Grundstück zu spazieren und hie und da sanft ein wenig zurückzuschneiden. Entferne dabei nur wenige kleine Äste, die dich sonst stören würden. Wenn du so vorgehst, punktuell und sparsam, verträgt der Baum das sehr gut.

In der Natur passiert das ja ständig: Tiere oder Unwetter reißen einen kleinen Ast ab. Für den Baum ist es belanglos und verursacht keinen großen Stress, wenn ab und zu einmal ein einzelner Ast abbricht. Ein weiterer Vorteil dieser Technik ist es, dass du dabei organisches Material (Äste und Blätter) sammeln und direkt als Mulch am Boden ausbringen kannst.

Den Garten mulchen

Im Juli ernten viele Getreidebauern ihren Weizen – der ideale Zeitpunkt, um die Landwirte der Umgebung zu kontaktieren und sich bei ihnen Strohballen zu holen. Wenn man sie direkt auf dem Feld kauft, sind sie meist günstiger. Und ganz nebenbei passt das perfekt – denn wenn es sehr heiß ist, haben die Pflanzen in unserem Garten oft großen Durst. Eine gute Mulchschicht schadet da nicht!

Wenn wir den Gemüsegarten mulchen, dann müssen wir weniger gießen, gegen Ende des Sommers können wir bisweilen komplett damit aufhören. Ist die Mulchschicht zu dünn, leidet das Leben im Boden oft unter der Hitze. Wenn du die Erde bedecken kannst, tut das der kleinen Welt des Gartens gut. Sind die Pflanzen bereits kräftig gewachsen, bringe ruhig eine dicke Schicht Mulch unter ihnen aus.

Ich umwickle eine Tomatenpflanze mit einer Schnur, die an einem Baum befestigt ist. Dieses Jahr hatten wir Hagel, der in den Gärten und auf den Feldern viele Kulturen beschädigt hat. Unterhalb von Baumkronen angebaute Pflanzen waren viel besser geschützt und litten deutlich weniger als die Pflanzen auf freiem Feld.

Links: Ich schneide sanft einen kleinen Apfelbaum zurück, der in der Nähe meines Gemüsegartens steht. **Rechts:** Bäume rund um den Gemüsegarten schützen ihn vor Wind, der die Erde austrocknet und den Gemüsepflanzen schadet.

Einmal gelockert ist dreimal gegossen?

Wer gerne Gartenratgeber liest, der kennt sicherlich den Spruch „Einmal gelockert ist dreimal gegossen“. Das ist richtig, wenn die Erde unbedeckt ist. Wer aber die Erde mit organischem Material bedeckt, der kann getrost sagen: „Einmal gemulcht ist gleich zehnmal gegossen!“

Links: Die Melonen am Fuß der Tomaten halten den Boden kühl und feucht. **Rechts:** An den trockensten Stellen des Gartens mit dem wenigsten Mulch geht es dem Amarant gut.

Wildpflanzen

Ganz allgemein gilt: Im Sommer sind die Wildpflanzen für uns am wenigsten von Interesse, denn da konkurrieren sie mit der reichen Ernte des Gartens. Außerdem sind sie um diese Zeit oft trockener und schmecken bitterer als im Frühling.

Ernte der Blüten der Gemeinen Wegwarte

Kartoffelernte von Hand. Wenn sie unter einer Schicht aus Heu und Kompost wachsen, benötigen wir für die Ernte keinerlei Gerät.

August

Säen, pflanzen und vermehren

Säen: Kohl, Radieschen, Spinat, Speiserübe, Gartensalat, Feldsalat, Möhre, Rucola, Obstkerne, Senf, Phacelia ...

Stecklinge: Kiwi (Strahlengriffel), Ölweide, Feijoa und viele andere immergrüne Pflanzen

Saatgut gewinnen: aus Tomate, Gartensalat, Mangold, Roter Bete, Pastinake, Rucola, Kohl, Radieschen ...

Hoch lebe das Fruchtgemüse!

Der August ist die Zeit, in der wir das meiste Fruchtgemüse ernten, also Tomate, Aubergine, Chili, Paprika, Gurke – wirklich eine paradiesische Zeit für Gärtner!

Oben Links: Auberginen **Oben Rechts:** Chili **Unten:** Verschiedene Tomatensorten

Lieferung von biologischem Stroh für mehrere Gärten

Umgeben von Strohballen, kommen Kulturen oft mit sehr wenig Wasser aus.

Wasserverlust begrenzen

Wenn der Boden gut bedeckt bleibt, müssen große Teile des Gartens das ganze Jahr über nicht gegossen werden. Einjährige und sehr junge mehrjährige Pflanzen benötigen jedoch ein Minimum an Feuchtigkeit, um sich an einem Ort etablieren zu können. Wenn es heiß ist, können wir sie anfangs gießen. Gemüsegärten mit unbedecktem Boden benötigen viel Dünger und Unmengen an Gießwasser, um Erträge zu bringen. Mit einer guten Schicht Mulch hingegen müssen Gemüsegärten nicht bewässert werden, und die Nährstoffe trägt das Leben im Boden heran.

All das variiert je nach Region und Jahr, denn die Jahre folgen zwar aufeinander, unterscheiden sich aber häufig hinsichtlich Niederschlagsmenge und Hitze. Ich persönlich konnte, als ich gewerblich Gemüse anbaute, im Sommer aufs Gießen verzichten – und das, obwohl ich im Departement Var lebte, einem der heißesten Gebiete Frankeichs, zwischen Nizza und Marseille.

Saatgut gewinnen

Viele Pflanzen unseres Gemüsegartens bilden jetzt Samen aus. Es ist nicht schwierig, aus Mangold, Roter Bete, Gartensalat, Pastinake, Radieschen, Kohl, Rucola ... Samen zu gewinnen.

Auch wenn jede dieser Pflanzen ihre Besonderheiten hat – ganz allgemein lässt sich sagen: Es genügt, die jeweilige Pflanze abzuschneiden, wenn sie trocken ist, und über einem großen Behälter auszuschütteln. Du wirst auf diese Weise sehr viel Saatgut erhalten, das du dann säen, tauschen oder deinen Freunden weiterschenken kannst.

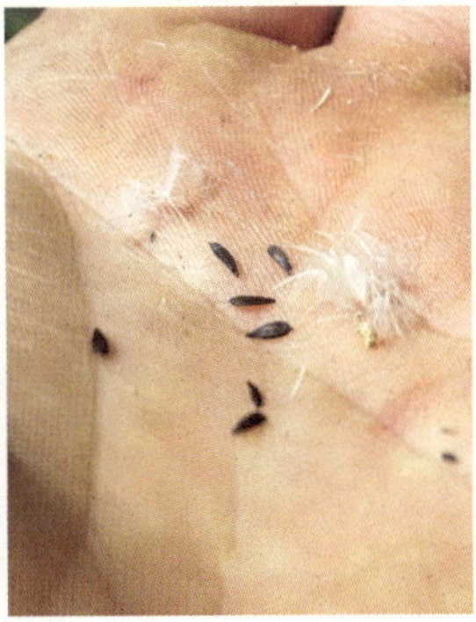

Links: Samen aus Radieschen gewinnen **Mitte und rechts:** Samen aus Gartensalat

Gemüse säen

Viele Pflanzen werden im nächsten Monat keine Früchte oder Knollen mehr hervorbringen – wir können also neben Zucchini, Tomaten und Paprika, die schon bald verschwinden werden, Radieschen, Kohl, Möhren oder anderes Gemüse aussäen (siehe Kasten auf S. 129).

So ist schon bald für Ablöse gesorgt, und der Garten bringt weiterhin Ertrag.

Kartoffeln ernten

Mit der Technik, die in diesem Buch beschrieben ist (siehe S. 91), kannst du bei der Kartoffelernte auf jegliches Gerät verzichten. Du benötigst dafür nur deine Hände.

Wenn du alle Knollen geerntet hast, säe ruhig gleich an Ort und Stelle wieder neues Gemüse – so hast du auch im Herbst noch einen ertragreichen Garten: Möhren, Gartensalat oder Rucola wachsen sehr gut nach Kartoffeln.

Stecklinge aus Sträuchern

Aus immergrünen Heckenpflanzen lassen sich jetzt Stecklinge ziehen. So können wir ganz einfach und kostenlos neue Sträucher erzeugen. Einige Heckenpflanzen haben zusätzliche Vorzüge:

- Die Wintergrüne Ölweide *(Eleagnus ebbingei)* ist ein Strauch mit kleinen essbaren Früchten, der in der Lage ist, den Stickstoff aus der Luft zu binden.
- Die Brasilianische Guave *(Feijoa sellowiana)* bringt exzellente Früchte hervor.
- Der Westliche Erdbeerbaum *(Arbututs unedo)* trägt hübsche rote Früchte.

Das sind nur drei Beispiele für wintergrüne Pflanzen, die sich unter den richtigen Bedingungen sowohl als Hecke sehr gut eignen als auch tolle Früchte hervorbringen. Es lassen sich aber auch aus Feigenbaum oder Kiwi Stecklinge ziehen.

Schneide hierfür kleine Zweige von ca. zehn Zentimeter Länge ab, entferne den Großteil der Blätter, stecke sie in etwas Anzuchterde und stelle sie an einen überdachten Ort im Halbschatten. Gieße, warte ab und kontrolliere bis zum Frühling regelmäßig die Feuchtigkeit.

Oft werden Stecklinge eher im Winter gezogen, wenn das Laub abgefallen ist – für manche Pflanzen aber ist der August die bessere Zeit. Wenn du bei diesen Pflanzen mit den Stecklingen auf den Winter wartest, dann werden die Zweige zu hart, sie verholzen. Der Steckling hat dann schlechtere Aussichten auf Erfolg.

Ölweidenstecklinge im Halbschatten

Trocknende Pflanzen für die Artenvielfalt

Viele Wildpflanzen trocknen jetzt aus und bilden Samen. Lasse gern so viele wie möglich an ihrem Platz stehen – sie bieten den Vögeln Nahrung und schenken vielen Insekten einen Lebensraum. Ich halte es für wichtig, sich immer wieder ins Bewusstsein zu rufen: In einem Garten mit nacktem Boden gibt es kaum Leben.

In einem gerodeten oder getrimmten Garten existiert nicht mehr viel. An einem Ort mit hohen frischen oder trockenen Gräsern hingegen explodiert die Artenvielfalt förmlich: Dort gibt es reichlich Nahrung, Verstecke und Schutz. Und am Ende ihrer Zeit trocknen die Pflanzen, produzieren Samen und vermehren sich und legen sich schließlich auf den Boden, um zu wertvollem Humus zu werden.

Behalte immer im Kopf, dass dein Grundstück neben seiner Funktion, Erträge zu bringen, auch ein Ort sein soll, an dem die Artenvielfalt zu Hause ist und der Boden sich erholen kann.

Es kann sein, dass dir der herbstliche Anblick vieler sterbender Pflanzen nicht gefällt. Dann ist es natürlich möglich, nur einige „wilde Inseln“ zu behalten und den Rest des Gartens besser „aufzuräumen“.

Und übrigens: Die trockenen Pflanzen hindern die Kulturpflanzen überhaupt nicht am Wachsen. Im Gegenteil: Sie schützen die Anbaukulturen, indem sie viele kleine Tierchen anlocken, die das Aufkommen sogenannter Schädlinge regulieren.

Ein Sprichwort sagt: „Schönheit liegt im Auge des Betrachters.“ In trockenen Gräsern können wir also entweder tote Pflanzen sehen – oder aber wir sehen in ihnen all die lebendigen Versprechen, die sie uns mit ihren Samen geben, und erkennen, welch ein großartiges Biotop an Artenvielfalt sie sind und wie bedroht dieses Biotop ist.

Es freut mich, all die Gräser im Garten Samen tragen zu sehen wie hier Hafer und Roggen.

Wespen

Viele Gartenfreunde lieben die Bienen wegen ihres Nutzens für die Bestäubung der Pflanzen. Die Wespen hingegen sind unbeliebt: Sie taugen zu nichts und machen gewisse Früchte kaputt.

Die Wespe allerdings frisst – übrigens genauso wie die Hornisse – in ihrer Lebenszeit enorme Mengen an Insekten. Sie reguliert Mücken- und Schmetterlingsaufkommen.

Auf diese Weise schützen Wespen unsere Kirschbäume vor Fliegenlarven und die Apfel- und Birnbäume vor Apfelwicklern. Auch wenn sie gewisse Früchte fressen – sie retten viele andere, und wahrscheinlich haben sie von uns ein wenig Respekt verdient!

Ein kleines Wespennest im Gewächshaus

Wildpflanzen

Die Kornelkirsche ist ein großer Strauch oder Baum, der uns mit ganz hervorragenden Früchten versorgt.

Der Blutweiderich ist eine Pflanze, die an feuchten Orten gedeiht. Seine jungen Blätter sind essbar.

Kornelkirsche

Blutweiderich

Wenn wir Tomaten nicht zurückschneiden, werden sie leicht über drei Meter hoch. Für die Ernte braucht man dann die Stufenleiter.

Ein essbarer Minidschungel im Gewächshaus: Bananen-, Avocado- und junge Mandarinenbäume gedeihen gemeinsam mit Rizinus und anderen einjährigen Pflanzen.

Meine morgendliche Ernte. Zwei kleine Eindringlinge sind nicht pflanzlichen Ursprungs.

September

Säen, pflanzen und vermehren

Säen/Stecken: Kohl, Gartensalat, Feldsalat, Rucola, Spinat, Speiserübe, Zwiebel, Radieschen, Lauch, Koriander, Klee, Phacelia, Senf, Steinobst-Kerne …

Pflanzen: Erdbeere, Himbeere, stachellose Brombeeren, Johannisbeere … im Schatten der Bäume

Im Freiland pflanzen: Kohl, Gartensalat, Rucola

Stecklinge: Kiwi, Ölweide, Feijoa und viele andere immergrüne Pflanzen

Saatgut gewinnen: aus Tomate, Gartensalat, Mangold, Rote Bete, Pastinake, Rucola, Kohl, Radieschen … Die samentragende Pflanze kann auch einfach stehen gelassen werden, sodass sie sich selbst aussät. Auf diese Weise erhalten wir mehr wild wachsendes Gemüse im Garten.

Auf freien Flächen pflanzen und säen

Auch in einem Garten, der schon mit unterschiedlichstem Gemüse gefüllt ist, bleibt immer noch ein wenig Platz, um zwischen die älteren Pflanzen neue zu setzen.

Links: Ich setze eine Kohlpflanze unter Tomaten. **Rechts:** Im September beginnen wir, das Gemüse für Herbst und Winter zu pflanzen (hier: Gartensalat).

Es ist ganz problemlos möglich, Rucola, Blumenkohl oder einen Kopf Gartensalat unter eine Aubergine, eine Tomate oder eine Zucchini zu pflanzen. Die jungen Pflanzen genießen den Schatten, den die älteren ihnen spenden. Wenn in einigen Wochen die Tomaten, Zucchini und Auberginen durch die Kälte sterben, haben die neuen Pflanzen ihren Platz schon eingenommen.

Wir können zwischen den vorhandenen Pflanzen auch säen. Wenn der Mulch dick ist, müssen wir ein wenig davon entfernen, damit die kleinen Samen von weißer Zwiebel, Radieschen oder Senf auf der Erde aufliegen und nicht enorme Mengen von Mulch durchqueren müssen.

Gründünger säen

Oft ist der winterliche Gemüsegarten kleiner als der sommerliche. Um bestimmte Zonen nicht unbewachsen zu lassen, können wir auf nicht bebauten Parzellen Gründünger säen.

Gründünger sind Pflanzen, die dafür eingesetzt werden, den Boden zu durchlüften, Nährstoffe wie Stickstoff zu liefern oder zu verhindern, dass invasive Wildpflanzen sich an der jeweiligen Stelle im Gemüsegarten ansiedeln. Manche von ihnen sind sehr schön anzusehen, manche sind Honigpflanzen oder essbar. Entferne den Mulch und säe sie direkt auf der freien Erde aus (Luzerne, Inkarnat-Klee, Phacelia …). Danach kannst du wieder eine leichte Schicht Mulch ausbringen und gießen. Im Frühling kannst du die Pflanzen mähen und auf den Boden legen oder darüber Mulch ausbringen, um deinen Boden mit Nährstoffen zu versorgen.

Beeren unter Bäume pflanzen

Ende des Monats ist die rechte Zeit, um Erdbeeren, Himbeeren, stachellose Brombeeren oder rote und schwarze Johannisbeeren unter deine Obstbäume zu pflanzen. Die meisten Beeren wachsen im Unterholz, das ist ihr natürlicher Lebensraum. Diese Anbaumethode mögen sie daher umso mehr. Um viele Früchte bilden zu können, benötigen sie dennoch ein Minimum an Licht. Experimentiere also ruhig ein wenig herum!

Und schon wieder Stecklinge …

Aus vielen immergrünen Sträuchern lassen sich Anfang September wunderbar Stecklinge ziehen. Wir können jetzt also Heckenpflanzen wie Lorbeer, Liguster oder Ölweide vermehren – und auf diese Weise sogar eine kleine Baumschule für zukünftige Heckenpflanzen anlegen.

Inkarnat-Klee, der im September gesät wird, steht im Frühling in wunderbarer Blüte.

Eine ganze Armee von Gartensalat-Pflänzchen, bereit für die Auspflanzung ins Freie

Ernten

Sonnenblumenkerne ernten

Der September ist ein guter Zeitpunkt, um Sonnenblumenkerne zu ernten. Wenn die Blüten schön trocken sind, ist es an der Zeit!

Wenn du dich fragst, wozu das bloß gut sein soll, dann denk daran: Im Winter, wenn wir weniger Gemüse haben, können wir die Kerne keimen lassen. Das funktioniert ganz hervorragend, und innerhalb weniger Tage entstehen Sprossen, die wir essen können.

Wenn du die Kerne erntest, vergiss nicht, auch den Vögeln ein wenig davon übrig zu lassen. Sie lieben es, sich auf die alten Sonnenblumen zu setzen und die Kerne zu picken.

Tomaten ernten

Oft sind die Tomaten im September so ertragreich wie in kaum einem anderen Monat – vor allem dann, wenn sie nicht zu stark zurückgeschnitten wurden. Zu diesem Zeitpunkt sind sie noch nicht krank, und so lassen sich oft bis Oktober/November schöne Mengen ernten. Wenn wir sie hingegen stark zurückschneiden, haben sie oft mehr Schwierigkeiten, Krankheiten langfristig standzuhalten.

Links: Tomate „Green Velvet" **Rechts:** Eine große Zucchini zum Essen und eine weitere, noch größere, die ich behalte, um daraus Saatgut zu gewinnen

September

Ich baue gerne unterschiedlichste Zucchinisorten an.

Krankheiten

Manchmal werden Pflanzen von Krankheiten befallen, etwa von Falschem oder Echtem Mehltau. Von manchen Menschen und in gewissen Büchern kriegen wir immer wieder dieselben Ratschläge: Meist empfehlen sie, die kranken Blätter zu entfernen und zu entsorgen, und zwar weit, weit weg, sodass Falscher oder Echter Mehltau nicht bleiben und den ganzen Garten befallen. Manche raten gar dazu, die Blätter nicht auf den Kompost zu geben, sondern zu verbrennen. All das scheint auf den ersten Blick logisch.

Ich tue allerdings genau das Gegenteil und schlage daher eine andere Weise vor, das Problem anzupacken: Wenn bestimmte Krankheiten im September deine Pflanzen befallen und deine Kulturen zerstören – lasse Blätter und Pflanzen stehen! Die Blätter werden zu Nahrung für den Boden, sie verbessern ihn und nähren seine Bewohner. Wenn du sie entfernst, nimmst du dem Garten Fruchtbarkeit.

Auslöser für den Befall durch Falschen Mehltau oder andere Krankheiten, die jedes Jahr wiederkehren, sind häufig Monokultur und fehlender Fruchtwechsel. Wer also viele Pflanzen vermischt anbaut, der hat erheblich weniger Probleme mit Krankheiten.

Aber nehmen wir nun dennoch an, du hast in einem Jahr großflächig Zucchini angebaut, und diese sind nun von Echtem Mehltau *(Oidium)* befallen: Belasse alle Pflanzen auf ihrem Platz und pflanze in der betroffenen Zone im nächsten Jahr eher Lauchgewächse (Zwiebel, Lauch, Schalotte, Schnittlauch etc.) – sie halten viele Krankheiten zurück. Diese Strategie ist viel wirkungsvoller, als denselben Ort erneut mit Pflanzen zu bestücken, die auf Echten Mehltau empfindlich reagieren.

Jede Pflanze, die krank wird – welche Krankheit es auch immer sei –, kann an ihrem Platz bleiben. Und zusätzlich zu dieser Strategie empfehle ich, Saatgut immer nur aus gesunden Pflanzen zu gewinnen. Auf diese Weise werden die Kulturen in deinem Garten von Jahr zu Jahr widerstandsfähiger, und das, ohne sie zu behandeln und ohne dem Boden an Fruchtbarkeit zu nehmen.

Wildpflanzen

In Gärten, in denen wenig gejätet wird, können spontan Weißer Gänsefuß oder Wilder Amarant auftauchen. Die beiden treffen sich häufig in Gemüsegärten, die mit Mist oder Ähnlichem gedüngt wurden, denn sie lieben reiche Böden. Wie auch der Spinat kommen sie aus der Familie der Fuchsschwanzgewächse *(Amaranthaceae)* und schmecken ganz hervorragend.

Unternimm doch mal einen Spaziergang in die Natur und sammle Samen von Wildpflanzen. Ein Großteil der Wildkräuter, die jetzt in unserer Umgebung wachsen, trägt wahrscheinlich gerade reife Samen. Es lohnt sich also, sie mitzunehmen und im eigenen Garten zu säen.

Es wird darunter viele geben, die essbar sind, keinerlei Behandlung oder Aufwandes bedürfen und gerade in deiner Region sehr gut gedeihen (Judasbaum, Zürgelbaum, Kornelkische, Einjähriges Silberblatt …).

Links: Biene auf Wildem Amarant **Mitte:** Weißer Gänsefuß zwischen Kulturpflanzen **Rechts:** Einjähriges Silberblatt in Samenreife

Ganz herrlich im September, und das ohne jegliche Pflege: Amarant und Quecke

Tomaten draußen, ohne Schutz, in der Region Limousin (Zentralfrankreich)

Meine Birnenernte
beende ich im Oktober.

Oktober

Im Herbst blühen viele Blumen. Sie bieten unter anderem den Bienen Nahrung, die noch Vorräte anlegen, bevor sie sich im Winter zurückziehen.

Säen, pflanzen und vermehren

Im Freiland säen: Ackerbohne, Grüne Erbse, Weizen, Roggen …

Unter Dach säen: Frühlingskohl, Radieschen, Lauch, Gartensalat …

Pflanzen: Lauch, Knoblauch, Gartensalat, Kohl, Zwiebel …

Knoblauchzehen werden zum Stecken vorbereitet.

Topinambur ist eine essbare Pflanze, die ganz hervorragend schmeckt, sich wunderbar vermehrt und kein Gießen benötigt. Manchmal trägt sie sehr schöne Blüten!

Obstbäume

Jetzt ist es Zeit, darüber nachzudenken, was wir im Spätherbst und Winter anpflanzen werden. Mach vielleicht eine Runde durch die Baumschulen deiner Umgebung, um zu sehen, was dort an interessanten Pflanzen geboten wird.

Und wir können auch gleich die ersten Bestellungen vornehmen. Je früher wir das tun, desto größer ist die Auswahl an Arten und Sorten, die uns zur Verfügung stehen. Wenn du dir Bäume aussuchst, bedenke, in welchem Zeitraum sie Früchte tragen werden. So kannst du dafür sorgen, dass du das ganze Jahr über Früchte hast. Manche Früchte werden im Herbst/Winter reif, etwa Kaki oder Mispel. Beide Bäume halten sehr niedrigen Temperaturen bis –20 °C stand.

Hier einige ursprüngliche Obstsorten:

- Die Rebsorten „Isabella" und „Noah" sind widerstandsfähig gegenüber Reblaus, Falschem und Echtem Mehltau und sehr ertragreich. Resistent bis –20 °C.
- Die Reichblütige Ölweide bringt kleine Früchte hervor. Resistent bis –25 °C.
- Die Dreilappige Papau trägt Früchte, die an Mangos erinnern. Innen haben sie mehrere Kerne, geschmacklich sind sie wie eine Mischung aus Banane und Mango. Resistent bis –25 °C.
- Die Feijoa (Brasilianische Guave) ist eine immergrüne Pflanze, daher als Heckenpflanze interessant. Sie bringt sehr wohlschmeckende Früchte hervor. Resistent bis –12 °C.
- Die Kumquat ist eine sehr ertragreiche Zitruspflanze mit immergrünen Blättern, daher ebenfalls als Heckenpflanze geeignet. Die kleinen säuerlichen Früchte werden mitsamt der Schale verzehrt. Resistent bis –12 °C.
- Die Zitruspflanze Satsuma ist resistent bis –12 °C.
- Die Yuzu-Zitrone ist resistent bis –15 °C.
- Die Kiwi (verschiedene Sorten der Strahlengriffel) ist eine sehr ertragreiche Schlingpflanze. Feuchtigkeitsliebend und resistent bis –15 °C.
- Der Gemeine Bocksdorn bringt kleine Früchte hervor, bekannt als Goji-Beeren. Resistent bis –20 °C.
- Die Bananenpflanzen Himalayan Mountain und Musa Dajiao sind resistent bis –10 °C.
- Szechuan-Pfeffer ist resistent bis –12 °C.
- Die Nashi-Birne, eine Frucht zwischen Apfel und Birne. Resistent bis –15 °C.

Die hier angegebenen Temperaturen sind Richtwerte. Vieles hängt von der Bodenfeuchtigkeit und der Qualität des Bodens ab. Im Allgemeinen lässt sich sagen: Pflanzen halten niedrigen Temperaturen besser stand, wenn sie ihre Füße im Trockenen haben.

Auch spielt es eine Rolle, inwiefern sie Wind oder Sonne ausgesetzt sind. Natürlich kommen noch viele weitere Faktoren hinzu, etwa das Alter einer Pflanze, wie gut sie an einem Ort verwurzelt ist und wie der Mulch beschaffen ist.

Banane Musa Dajiao

Getreide aussäen

Mitte Oktober können wir Getreide wie etwa Weizen oder Roggen aussäen. Diese Pflanzen besetzen den Winter über den Platz, sodass sich keine unerwünschten Pflanzen in dem jeweiligen Bereich ansiedeln. Im Frühling werden sie zu ausreichend organischem Material, um den Boden zu bedecken und die Erde mit Nährstoffen zu versorgen. Vergiss dann nicht, auch ein wenig davon stehen zu lassen, damit für das nächste Jahr genügend Körner da sind, zum Beispiel, um die Hühner zu füttern.

Jetzt trägt die Hirse Samen. Neben dem Korn lassen sich bei manchen Sorten auch die Stängel verwenden – aus ihnen lässt sich süße Melasse herstellen.

Ernten

Kürbisse ernten

Es kann sein, dass deine Kürbis- und Zucchinipflanzen nun ihr Lebensende erreicht haben. Warte, wenn möglich, bis die Pflanzen trocken sind, bevor du die Kürbisse erntest. Früchte, die lange an der Pflanze bleiben, haben oft einen besseren Geschmack als solche, die man zu früh pflückt.

Die Pflanze wird nun alle Energie, die ihr noch bleibt, in ihre Samen stecken. Es ist daher eine besonders gute Idee, die Pflanze vollkommen austrocknen zu lassen, bevor wir die Kürbisse oder die großen Zucchini für die Gewinnung von Saatgut ernten. Ganz abgesehen davon ist es auch sehr schön, durch einen Garten zu spazieren, in dem an allen Ecken und Enden dicke Kürbisse und Zucchini gedeihen.

Das Ende der Tomatensaison

Wenn das Wetter gut ist und du ein Gewächshaus hast, dann bleibt noch ein wenig Zeit, um Tomaten zu ernten. Auch wenn du deine Tomaten sonst nie ausgeizt – in dieser Zeit des Jahres rate ich dazu, die Blüten zu entfernen, damit die Pflanze sich darauf konzentriert, ihre letzten Früchte auszubilden.

Bevor dann der Frost kommt, kannst du die unreifen Tomaten ernten. Sie können entweder im Haus nachreifen oder noch grün zu Marmelade verarbeitet werden.

Die letzten Tomaten des Jahres im Garten

Den Gemüsegarten vorbereiten

Der Gemüsegarten ist jetzt gewissermaßen am Ende seiner Saison angekommen. Es bleibt nicht mehr viel, was unbedingt erledigt werden müsste. Wir können aber schon damit beginnen, ihn für die kommende Saison vorzubereiten.

Da bis zum Frühling noch Zeit ist, hilft es vielleicht zu wissen: Es gibt einige sehr einfache Techniken, um den Boden zu verbessern, die uns praktisch keine Arbeit kosten.

Eine Methode besteht darin, eine dicke Schicht (20–30 Zentimeter) Stroh, Häcksel, Heu oder andere organische Materialien auf den nicht bebauten Flächen zu verteilen. Bewuchs kann auf diese Weise erstickt werden, während wir Würmern, Pilzen, Bakterien oder anderen im Boden lebenden Organismen, die den Boden auflockern und anreichern, Nahrung schenken. Die unterschiedlichen Rohstoffe versorgen unterschiedliche Organismen – schaffe daher Abwechslung und mische die organischen Materialien so gut wie möglich. Wenn du Kompost oder Mist zur Verfügung hast, empfiehlt es sich, sie mitzuverarbeiten.

Wir können aber auch auf Materialien zurückgreifen, die die Lebewesen im Boden nicht direkt nähren: Bretter, Steine und alles andere, womit sich Gräser abdecken lassen, ohne dabei den Boden zu verunreinigen. Darunter werden sich Organismen ansiedeln, geschützt vor Fressfeinden, Kälte und Unwettern. Sind sie erst einmal da, werden sie Gänge graben, Kot ausscheiden, sterben, andere Lebewesen mit Nahrung versorgen etc. Auch auf diese Weise vermag sich der Boden sehr wirkungsvoll zu erneuern. Wir können es ganz einfach sehen: Unter

Verschiedene Kürbissorten im Garten

jedem Stein im Garten gibt es Lebewesen und viele kleine Gänge. Dieses Leben ist es, das die Qualität unseres Bodens verbessert. Im Frühling reicht es, die Bretter oder Steine wegzunehmen – darunter finden wir dann eine unbewachsene, bebaubare Fläche vor. Wenn der Boden dann noch zu fest ist, braucht er ein wenig Bearbeitung mit der Grelinette.

Pilze

Wenn wir an Pflanzen regelmäßig Stroh, Blattlaub oder Holz ausbringen und keine Fungizide verwenden, kommen sehr rasch Pilze. Im Oktober, nach ein paar Regenfällen, kann es passieren, dass sie sich zahlreich auf unseren Parzellen ansiedeln. Wer über die Wichtigkeit der Pilze für die Entstehung des Bodens, die Humusbildung, den Feuchtigkeitshaushalt und die Autonomie der Pflanzen Bescheid weiß, der wird sich freuen, im Garten auf sie zu stoßen. Übrigens: Nacktschnecken fressen oft lieber Pilzhüte als unsere Kulturpflanzen.

Reichlich Heu, um meine Beete zu mulchen!

Pilze sind in einem Gemüsegarten sehr nützlich für die Humusbildung.

Wildpflanzen

In manchen Regionen finden wir jetzt Löwenzahn, und in anderen trägt der Erdbeerbaum Früchte.

Der Westliche Erdbeerbaum ist einer von wenigen Obstbäumen mit immergrünem Laub. Früher nannte man ihn auch Meerkirsche oder Hagapfel.

Ende Oktober ist Erntezeit für die Quitte!

Oktober

Hühner zu halten, ist eine gute Idee, um die Produktivität im Garten zu erhöhen. Hier die hübschen Faverolles, eine französische Rasse, die sehr große Eier legt.

November

Säen, pflanzen und vermehren

Im Freiland säen und pflanzen (je nach Klima): Ackerbohne, Grüne Erbse, Schalotte, Knoblauch, Weizen, Steckzwiebeln … Jetzt können auch Bäume und andere mehrjährige Pflanzen gepflanzt werden.

Unter Dach säen: Radieschen, Frühlingskohl, Petersilie, Birne ...

Über Absenker vermehren: Rosmarin, Goji-Beere, Johannisbeere, Brombeere, Rosenstrauch ...

Bäume pflanzen

Bei uns in Frankreich gibt es eine Bauernregel, die sinngemäß besagt: „Zu Sankt Katharina schlägt jedes Gehölz Wurzeln." Der Tag der Heiligen Katharina ist der 25. November. Und auch wenn man Bauernregeln nicht allzu ernst nehmen sollte, weil wir ja alle in klimatisch unterschiedlichen Gebieten leben: Ende November ist in der Tat eine gute Zeit, um im Garten Bäume zu pflanzen.

Ich pflanze eine Weinrebe und eine Ölweide an den Fuß eines Birnbaumes.

Oft setzen wir Bäume isoliert an einen Ort, in einigen Metern Entfernung von anderen Pflanzen. Es gibt allerdings viele Partnerschaften zwischen Bäumen und Schlingpflanzen oder Büschen, die sich sehr positiv auf die Produktivität auswirken. Einige davon werde ich hier vorstellen.

Sie alle folgen derselben Grundidee: Wir haben einen Hauptbaum, den wir nach unseren Vorlieben wachsen lassen. Begleitet wird er von anderen Pflanzen, deren Wuchs wir in den ersten Jahren kontrollieren, damit sie gegenüber dem Baum nicht überhandnehmen. Danach wird die Gemeinschaft ohne unser Zutun zurechtkommen.

Die Blüte der Wintergrünen Ölweide im November

Gute Gemeinschaften

Wir setzen die Pflanzen in Abständen von +/– 80 Zentimeter aneinander.

- **Kirschbaum, Weinrebe, Wintergrüne Ölweide** (Eleagnus ebbingei): Hauptpflanze ist der Kirschbaum. Die Weinrebe, eine Schlingpflanze, klettert auf den Kirschbaum, wenn er größer geworden ist. Sie sollte zu Beginn kontrolliert werden, damit sie sich nicht gleich vollständig über den Baum legt. Die Ölweide als schöner winterharter Strauch bietet der Artenvielfalt das ganze Jahr über Unterschlupf. Sie bindet den Stickstoff aus der Luft und stellt ihn der ganzen Gemeinschaft zur Verfügung. Diese Pflanzenpartnerschaft schenkt uns sehr früh im Frühling schon die Früchte der Ölweide, danach Kirschen und schließlich im Spätsommer Trauben – und das alles auf weniger als einem Quadratmeter Boden.
- **Apfelbaum, Kiwi (verschiedene Sorten der Strahlengriffel) und Gemeiner Erbsenstrauch** (Caragana arborescens): Hauptbaum ist der Apfelbaum. Die Kiwi schlingt sich über den Apfelbaum, der Erbsenstrauch bindet Stickstoff aus der Luft und versorgt damit alle drei. Aus dieser Partnerschaft gewinnst du Äpfel, Kiwi und die Hülsenfrüchte des Erbsenstrauchs. Aber **Vorsicht**: Diese werden zwar manchmal als essbar beschrieben, vor allem bei Kindern sind aber auch leichte Vergiftungserscheinungen bekannt!
- **Feigenbaum, Gewöhnlicher Judasbaum, Gemeiner Bocksdorn (Goji-Beere):** Hauptpflanze ist der Feigenbaum. Der Judasbaum, den wir kürzen können, bindet den Stickstoff, und der Gemeine Bocksdorn treibt sich am Fuße seiner beiden Partner herum. Diese Gemeinschaft schenkt dir Feigen, hübsche essbare Blüten und Goji-Beeren.

Folgendes können wir uns für solcherart Partnerschaften merken: Jedes der Trios enthält eine Stickstoff bindende Pflanze (das kann auch der Baum, also die Hauptpflanze, sein), und die drei Pflanzen unterscheiden sich jeweils in Wuchshöhe und Entwicklung voneinander.

Diesen Kriterien folgend, können wir uns eigene Partnerschaften überlegen, vorhandene Pflanzen ergänzen oder die Anzahl der Pflanzen ändern.

Aber Vorsicht: Manche Bäume brauchen Fremdbestäubung. Zum Beispiel benötigen wir im Garten oder in der Nachbarschaft zwei Kirschbäume, um daraus Früchte zu erhalten. Dasselbe gilt für Aprikose-, Quitten- oder Pfirsichbäume, Weinrebe …

Schalotte, Knoblauch und Zwiebel pflanzen

Wir können jetzt Schalotten, Knoblauch und Zwiebel stecken. Auch wenn diese in der Erde bleiben und den Winter über wachsen – diese Pflanzen lehnen zu viel Feuchtigkeit ab. Wenn dein Grundstück also zu Staunässe neigt, pflanze eher auf einem Hügelbeet, damit Wasser besser abfließen kann.

Schalotte, bereit zum Pflanzen

Weiße Steckzwiebeln

Kälteempfindliche Pflanzen schützen

Wenn du junge oder kälte- bzw. frostempfindliche Pflanzen hast, dann bring ruhig eine gute Schicht Mulch, Blattlaub, Heu oder Häcksel aus, um ihr Wurzelsystem vor den kalten Wintertagen zu schützen. So werden sie selbst einem Winter besser standhalten. Es kann auch passieren, dass die oberflächlichen Teile absterben, die Pflanze aber im Boden überdauert und später wiederkommt.

Der Baum lässt sein Laub fallen, um der Kälte besser standzuhalten. Bevor das passiert, färben sich die Blätter gelb oder orange. Der Baum hört also auf, Fotosynthese zu betreiben: Er produziert kein Chlorophyll mehr, das ist der grüne Farbstoff, der die Fotosynthese ermöglicht. Für ihre Pigmentierung bleiben den Blättern dann nur noch Karotinoide. Sie sind es, die die Bäume je nach Beschaffenheit in dieses schöne Rot-Orange tauchen. Indem sie ihre Blätter verlieren, bedecken die Bäume im Herbst auf natürliche Weise den Boden.

Pflanzen durch Absenker vermehren

Manche Pflanzen in deinem Garten kannst du über Absenker vermehren. Wähle dafür einen Trieb an deiner Lieblingspflanze (z. B. Goji-Beere, Rosmarin, Brombeere oder andere) und stecke ihn vorsichtig in einen mit Anzuchterde gefüllten Topf. Die Erde im Topf muss danach ein wenig gegossen werden, damit der Absenker nicht austrocknet. Gegen Mitte des Frühlings kannst du die Verbindung zwischen Topf- und Mutterpflanze durchschneiden. Du hast dann einen Klon deiner Lieblingspflanze.

Alles, woraus wir Stecklinge ziehen können, lässt sich auch ganz einfach durch Absenker vermehren. Eine andere Herangehensweise ist es, einen tief unten wachsenden Zweig mit einem Stein (oder etwas anderem) auf dem Erdboden zu fixieren. Nach einiger Zeit erhältst du daraus eine neue Pflanze mit eigenen Wurzeln.

Eine stachellose Brombeere wird durch Absenker vermehrt. Der Stein hält den Ast im Topf.

Mist ausbringen

Wenn du bei dir oder in deiner Umgebung Pferde, Esel, Schafe oder andere Tiere hast, dann ist jetzt ein guter Zeitpunkt, um im Gemüsegarten oder am Fuße deiner Bäume Mist auszubringen.

Aber Vorsicht! Diese Tiere werden oft mit Entwurmungsmitteln oder anderen Medikamenten behandelt. Rückstände davon sind auch im Mist vorhanden und können dem Leben im Boden schaden. Es ist daher ratsam, nicht zu viele solcher Rückstände in unserem Garten anzuhäufen.

Wenn du selbst Tiere hältst, ist es hilfreich zu wissen: Es gibt natürliche Entwurmungsmittel auf Basis ätherischer Öle und Lauchgewächse. Tiere, die genügend Land zur Verfügung haben, das nicht voll ist von Exkrementen und auf dem viele unterschiedliche Wiesenpflanzen und Bäume gedeihen (z. B. Haselnuss, Weide, Brombeere etc.), sind zum Teil auch fähig zur Selbstheilung.

Wir können unsere Pflanzen auch ganz einfach ohne Dünger aus dem Handel oder Mist kultivieren. Ich mache das seit vielen Jahren so, mit Erfolg. Seit Kurzem habe ich Tiere, die mich mit biologischem Mist versorgen.

Hohes Gras

Kommen wir nun noch ein wenig auf das spätherbstliche Gras zu sprechen. Vielleicht bist du im Winter versucht, Körner oder Futterknödel für die Vögel zu kaufen. Allerdings sind die Samen im hohen Gras, zusammen mit Beeren, Insekten und Würmern, die beste Nahrung für sie.

Die trockenen Gräser schenken mit ihren Samen unzähligen Vögeln Nahrung.

Anstatt also unser ganzes Grundstück zu trimmen, um es „sauber" zu haben, tun wir doch einfach gar nichts und lassen das Gras die Vögel nähren – das ist einfacher, effizienter und besser für die Tiere. Auch die Qualität der Körner ist höher als bei jenen, die wir im Handel zu kaufen bekommen. Wenn du also die Möglichkeit dazu hast, dann belasse manche Zonen wild. Es ist wichtig zu wissen, dass sehr viele Insekten und Vögel vom Aussterben bedroht sind, weil sie nirgendwo mehr einen passenden Lebensraum finden. Geben wir ihnen doch eine kleine Chance!

Bilanz ziehen

Der November ist eine gute Zeit, um Bilanz zu ziehen und sich zu erinnern: Was hat im Garten gut funktioniert, was brachte Erfolg, wo hatten wir Misserfolge?

Gleichzeitig können wir uns jetzt überlegen, was wir uns für die nächste Gartensaison wünschen. Wenn wir aus Erfahrung lernen und uns überlegen, was in Zukunft besser gelingen soll, dann eröffnet uns das die Möglichkeit, unseren Garten weiterzuentwickeln.

Unsere Kreativität, unsere Vorstellungskraft kann dabei wild sprießen. Und ja, wir können uns Ratschläge anhören, Bücher lesen und uns davon inspirieren lassen, was andere machen – aber wirklich spannend ist es, eigene Ideen zu haben, selbst etwas zu schaffen und zu erfinden. Niemand muss nachmachen, was andere vormachen – wir können uns völlig neue Dinge ausdenken.

Wildpflanzen

Der Venusnabel ist eine Pflanze, die gerne auf sehr schattigen, nördlich ausgerichteten Mauern anzutreffen ist. Sie ist hervorragend zum Verzehr geeignet, reich an Vitamin C, knackig und saftig.

Der Raukenähnliche Doppelsame tritt häufig auf gepflügten Feldern und landwirtschaftlich bearbeiteten Flächen auf. Um diese Zeit trägt er weiße Blüten. Er ist essbar, eine sehr leckere Pflanze mit pikantem Geschmack.

Obstbaum
im Schnee

Dezember

Säen, pflanzen und vermehren

Im Warmen säen: Gartensalat, Lauch, Blumenkohl …

Draußen säen: Birnen- und Apfelkerne, Mispel …

Pflanzen: Bäume …

Stecklinge: Goji-Beere, Feigenbaum, Schöne Leycesterie, Rote und Schwarze Johannisbeere, Brombeere, Holunder … Wir können auch aus reblausresistenten Weinreben Stecklinge ziehen.

Durch Teilung vermehren: Olivenbaum, Hasel, Feigenbaum, Linde, Beinwell, Brennnessel …

Absenker: Rosmarin, Goji-Beere, Johannisbeere, Brombeere, Rosenstrauch

Saatgut gewinnen: aus Kürbis und Zucchini

Apfel- und Birnenkerne säen

Es ist nicht schwierig, mit Kernen Apfel- oder Birnbäume zu züchten. Allerdings brauchen solche Bäume länger, bis sie Früchte tragen, als es bei Steinobst der Fall ist. Apfel- und Birnbäume benötigen mindestens fünf Jahre, bis wir erstmals Früchte ernten können.

Diesen Monat kannst du die Kerne behalten. Lege sie in Becher mit Anzuchterde, stelle diese im Garten in den Halbschatten und warte, bis sie keimen. Mitten im Frühling hast du kann kleine Obstbäume.

Wenn du die Kerne direkt im Garten in die Erde steckst, stehen die Chancen schlecht, weil Tiere sie dort entdecken und fressen würden.

Apfelbäume aus Kernen

Widerstandsfähige Bäume pflanzen

Ich habe einen gewissen Hang dazu, Bäume aus Kernen zu züchten. Dennoch: Es kann manchmal eine gute Idee sein, gepfropfte Bäume anzupflanzen, die gewissen Krankheiten gegenüber resistent sind. Aus den Kernen ihrer Früchte lassen sich später dann wieder Bäume säen.

Hier einige Sorten:

- Aprikose „Nancy-Aprikose“ bzw. „Pêche de Nancy“, sehr kälteresistent
- Olive „Moufla“, sehr kälteresistent (–20 °C)
- Pfirsich „Madame Guilloux“, widerstandsfähig
- Birne „Cocomerina“, widerstandsfähig
- Apfel „Ariane“, widerstandsfähig gegen Schorf
- Apfel „Juliet“, sehr widerstandsfähig.
- Apfel „Patte de loup“, sehr widerstandsfähig.
- Weinrebe „Clinton“, widerstandsfähig gegen Reblaus und andere Krankheiten
- Weinrebe „Isabella“, sehr widerstandsfähig

Bäume und Sträucher durch Teilung vermehren (Ausläufer)

Viele Bäume bilden an ihrer Basis Ausläufer, aus denen weitere Bäume entstehen, die mit ihnen verbunden sind. Das ist eine vegetativer Vermehrungsmethode, was bedeutet, dass dafür keine Bestäubung und keine Samen notwendig sind. Olivenbaum, Hasel, Linde, Bananenpflanze, Bambus oder Himbeerstrauch machen es so – was sie nicht unbedingt davon abhält, sich auch generativ zu vermehren. Die Hasel zum Beispiel bildet einerseits Ausläufer, pflanzt sich andererseits aber auch über ihre Frucht fort, die Haselnuss, die keimen und zu einer neuen Pflanze werden kann.

Dezember ist eine gute Zeit, um Ausläufer abzutrennen und daraus neue Pflanzen zu erhalten, die mit der Mutterpflanze identisch sind. Entferne die Ausläufer jeweils mit einer Hacke oder einem Spaten, hebe sie aus der Erde, behalte dabei möglichst viele Wurzeln und verpflanze sie. Bring Mulch aus und gieße in den ersten Jahren regelmäßig.

Beinwell über Wurzelschnittlinge vermehren

Wir können auch Pflanzen teilen, die keine Ausläufer bilden, Beinwell zum Beispiel. Er vermehrt sich normalerweise sehr einfach über Samen, manchmal nimmt er überhand. Es gibt aber auch eine Sorte namens Bocking 14, die das nicht tut. Diese Pflanzen müssen wir also teilen, um sie zu vermehren.

Nimm die Pflanze hierfür aus der Erde. Schneide dann von der Wurzel mehrere Stücke ab. Bei Beinwell reichen Schnittlinge von einigen Zentimetern Länge. Verpflanze die Wurzelstücke an einen geeigneten Ort. Im Frühling entsteht aus jedem Schnittling eine neue Pflanze.

Mir ist schon öfter aufgefallen, dass Bäume in einem Bett aus Beinwell leichter und rascher wachsen als in vielen anderen Umgebungen.

Eine gute Gemeinschaft

Um die Liste der guten Pflanzenpartnerschaften von November zu vervollständigen, hier noch ein weiteres Trio: **Pekannuss, Brombeere, Beinwell**.

Die Hauptpflanze bildet der Pekannussbaum, ein schöner Baum, auf dem Pekannüsse wachsen. Er ist widerstandsfähig bis –15 °C. Um Früchte zu tragen, benötigt er eine sehr lange Wärmeperiode.

Stelle ihm eine stachellose Brombeere zur Seite – diese wird an ihm hinaufklettern und sich zu einem sehr fruchtbaren Strauch entwickeln. Kontrolliere die

„Auf Kopf" geschnittene Linden. Die Linde ist ein Baum, der sehr einfach wieder austreibt.

ersten Jahre über den Wuchs der Brombeere, so lange, bis der Pekannussbaum Vorsprung gewinnt. Wie auch die Ölweide lebt die Brombeere in Symbiose mit sogenannten Actinobakterien, die in der Lage sind, Stickstoff aus der Luft zu binden. Es gibt viele stachellose Brombeeren, die großartige Früchte hervorbringen und fast das ganze Jahr über Laub tragen, etwa die Sorte Thornless Evergreen.

Und um das Team zu vervollständigen: Beinwell. Die drei gemeinsam ergeben eine ertragreiche, lebendige Gemeinschaft.

Wege pflegen und mulchen

Der Winter ist eine ruhige Zeit – nutzen wir sie dazu, die Wege im Garten zu mulchen. Dazu kannst du sie mit trockenen Materialien wie Stroh, Holzrinde oder Häckselgut bedecken – denn durch Regen, Kälte und Eis sind viele Gartengänge matschig und kaum begehbar. Wenn wir sie bedecken, ist es angenehmer, durch den Garten zu spazieren, ganz abgesehen von den vielen Vorteilen für das Leben im Boden.

Damit dieser Weg benutzbar bleibt, wird er großzügig gemulcht.

Einen essbaren Wald anlegen

Hier findest du noch eine kleine Anleitung dazu, wie es dir gelingt, aus einer Wiese einen essbaren Wald zu machen. Du musst ihr nicht in allen Details folgen, sondern kannst sie deinen Umständen und Vorlieben entsprechend anpassen:

1. Zuallererst: Das ganze Grundstück, das zu Wald werden soll, mulchen. Oft ist das nicht vollständig machbar, aber versuche es so gut wie möglich.
2. Den Gemüsegarten für den Süden des Grundstücks vorsehen, dort, wo gute Sonneneinstrahlung herrscht. Der Wald schützt ihn vor kaltem Nordwind.
3. Die Wege vorzeichnen.
4. Im Norden des Grundstücks in Abständen von acht Metern die zukünftig hohen Bäume pflanzen (Walnuss, Kastanie, Kulturapfel ...).
5. Gegen Mitte des Grundstücks in Abständen von sechs Metern Obstbäume mittlerer Höhe pflanzen (Aprikose, Feige, Birne ...).
6. Im Süden, ebenfalls in Abständen von sechs Metern, entweder kleine Obstbäume (Pfirsich, Hasel etc.) pflanzen oder Obstbäume und -sträucher, die Rückschnitte gut vertragen (Pflaume, Birne, Holunder ...).
7. Zwischen die Bäume Stickstoff bindende Pflanzen setzen (Ölweide, Sanddorn, Erbsenstrauch ...).
8. Dazwischen Beerenfrüchte anpflanzen (Himbeere, Johannisbeere, Blaubeere ...).
9. Bodendecker säen (Erdbeere, Beinwell, Minze ...), dabei auf die Gehwege Rücksicht nehmen.
10. Fünf Jahre warten und die Entwicklung kontrollieren, wenn nötig, bewässern.
11. Nach fünf Jahren fruchttragende Schlingpflanzen hinzufügen (Weinrebe, Kiwi, Kiwai ...).
12. Warten – und den essbaren Wald genießen.

Nach der Bepflanzung kann dein essbarer Wald zum Beispiel so aussehen.

Nach fünf Jahren, wenn die Bäume angewachsen sind, können die Schlingpflanzen kommen.

Das Design deines Gartens

Die Ruhe dieses Monats kann eine Gelegenheit sein, weiterhin darüber nachzudenken, wie wir unseren Garten noch verbessern können.

Was funktioniert nicht? Wie kann ich ihn verändern? Ist mein Garten ein Ort der Artenvielfalt? Was kann ich tun, um sie zu vergrößern? Warum nicht noch mehr

Bäume pflanzen, Steine positionieren, ein Gewässer oder einen Holzhaufen anlegen? Kann ich noch ökologische Korridore schaffen, damit sich das Leben im Garten frei bewegen kann?

Wenn wir jetzt Bäume pflanzen, fördern wir Myzelien und Mykorrhiza-Pilze. All diese Pilze können sich mit Bäumen verbinden. Obstbäume ziehen außerdem Vögel an. Auch wenn sie Früchte fressen – sie tragen ihre Kerne weiter und verzehren außerdem auch viele Larven, Fliegen und Raupen aller Art. Sie verrichten wichtige Reinigungsarbeiten und helfen so, unerwünschte Vorkommnisse zu vermeiden.

Kein Buch, kein Video versteht deinen Garten besser als du selbst. Finde also heraus, wie du auf deine Bedürfnisse und die Bedürfnisse deines Gartens am besten eingehen kannst. Beobachte ihn und versuche, die Dynamiken zu verstehen, die deinem kleinen Stück vom Paradies zugrunde liegen.

Hügelbeete unter einer Schneedecke

Wildpflanzen

Je nach Klima finden wir jetzt im Garten den Wegerich und im Unterholz die Taubnessel. Die jungen Triebe des Wegerichs haben einen Geschmack, der an Pilze erinnert. Die jungen Blätter der Taubnessel lassen sich gut roh im Salat genießen.

Der Wegerich ist eine hervorragende Esspflanze.

Die Taubnessel, eine essbare Pflanze, die wir gelegentlich im Unterholz antreffen

Dezember

Salat der Sorte „Rossa di Trento“

Aussaat-, Pflanz- & Erntekalender

Auf den folgenden Seiten findest du eine Auflistung der wichtigsten Gemüsepflanzen und Kräuter, von denen in diesem Buch die Rede ist – jede von ihnen mit ihren jeweiligen Zeiträumen für Saat, Pflanzung und Ernte. Diese Zeiträume sind Richtwerte (ausgehend von den durchschnittlichen Verhältnissen in Frankreich), nicht jeder von ihnen passt immer zu deinem Garten: Je nach Klima kann sich so manches unterscheiden, die angebauten Sorten genauso wie die Anbaumethoden.

Wir haben uns entschieden, Wildpflanzen hier nicht mit aufzulisten. Sie sind aber das ganze Buch hindurch ein Thema: Info-Kästen sollen daran erinnern, wie groß und bedeutend die Schätze sind, die die Natur uns völlig kostenlos schenkt.

Ackerbohne

Im Freiland säen: Februar, März und Oktober, November (siehe S. 67)

Ernte: Mai bis Juli

Amarant

Säen: April bis Juni

Im Freiland pflanzen: Mai, Juni

Ernte: Juli bis Oktober

Aubergine

Säen: Februar bis März

Im Freiland pflanzen: Mai, Juni

Ernte: Juli bis September

Basilikum

Säen: April bis Juni

Im Freiland pflanzen: Mai, Juni

Ernte: Juni bis September

Chicorée

Im Freiland säen: Mai, Juni

Ernte: Oktober bis Dezember

Chili

Säen: Februar bis Mai

Im Freiland pflanzen: Mai, Juni

Ernte: Juli bis September

Endivie

Im Freiland säen: Juni, Juli

Ernte: Oktober, November

Feldsalat

Im Freiland säen: August, September

Ernte: September bis Dezember

Gartenbohne

Im Freiland säen: Mai bis Juli

Ernte: Juni bis September

Gartensalat

Säen: das ganze Jahr über (siehe S. 57)

Im Freiland pflanzen: Februar bis November

Ernte: das ganze Jahr über (siehe S. 123)

Grüne Erbse

Im Freiland säen: Februar, März und Oktober, November (siehe S. 67)

Ernte: April bis Juli

Gurke

Säen: März, April

Im Freiland pflanzen: Mai, Juni

Ernte: Juli bis September

Honigmelone

Säen: März bis Mai

Im Freiland pflanzen: Mai, Juni

Ernte: Juli bis September

Kartoffel

Im Freiland pflanzen: April, Mai (siehe S. 91)

Ernte: Juli bis September (siehe S. 123 und 132)

Nähere Informationen: siehe S. 77 und 100

Knoblauch

Im Freiland pflanzen: Oktober bis Januar (siehe S. 160)

Ernte: Juni bis Juli

Kohl

Säen: das ganze Jahr über

Im Freiland pflanzen: Februar bis November

Ernte: das ganze Jahr über

Koriander

Im Freiland säen: April bis September

Ernte: Juni bis November

Kürbis und Zucchini

Säen: April bis Juni (siehe S. 87)

Im Freiland pflanzen: Mai, Juni

Ernte: Juni bis Oktober (siehe S. 122 und 150)

Lauch

Säen: das ganze Jahr über

Im Freiland pflanzen: Februar bis November

Ernte: das ganze Jahr über

Mais

Säen: März bis Mai

Im Freiland pflanzen: April bis Juni

Ernte: Juli bis September

Mangold

Säen: März bis Mai

Im Freiland pflanzen: April bis Juni

Ernte: Mai bis Dezember

Möhre

Im Freiland säen: April bis August

Ernte: Juni bis Dezember

Paprika

Säen: Februar bis Mai

Im Freiland pflanzen: Mai, Juni

Ernte: Juli bis September

Pastinake

Im Freiland säen: März, April

Ernte: Juli bis Dezember

Petersilie

Säen: März bis Oktober

Im Freiland pflanzen: März bis Oktober

Ernte: das ganze Jahr über

Phacelia

Im Freiland säen: August, September

Gründünger (siehe S. 140)

Radieschen

Im Freiland säen: März bis November

Ernte: März bis Dezember

Roggen

Im Freiland säen: Oktober, November

Ernte: Juni, Juli

Rote Bete (oder andere Rüben)

Säen: März bis Mai

Im Freiland pflanzen: April bis Juni

Ernte: Juli bis Oktober

Rucola

Säen: Juli bis September

Im Freiland pflanzen: Juli bis September

Ernte: August bis April

Schalotte

Im Freiland pflanzen: Februar, März und Oktober, November (siehe S. 160)

Ernte: Juni bis August

Schnittlauch

Säen: März bis Juni

Im Freiland pflanzen: März bis Juni

Ernte: Mai bis November

Senf

Im Freiland säen: August, September

Gründünger (siehe S. 140)

Sonnenblume

Säen: März bis Mai

Im Freiland pflanzen: April bis Juni

Ernte: August, September

Speiserübe

Im Freiland säen: Februar, März und Juli bis September

Ernte: April, Mai und September bis Dezember

Spinat

Säen: das ganze Jahr über

Im Freiland säen: Februar bis Oktober

Ernte: das ganze Jahr über

Süßkartoffel

In Bechern zum Keimen bringen: April, Mai (siehe S. 91)

Im Freiland pflanzen: Mai, Juni (siehe S. 112)

Ernte: September, Oktober

Tomate

Säen: März bis Mai (siehe S. 77)

Im Freiland pflanzen: Mai, Juni

Ernte: Juni bis Oktober (siehe S. 142 und 150)

Nähere Informationen: siehe S. 102, 113 und 121

Topinambur

Im Freiland pflanzen: März, April

Ernte: Oktober bis Februar

Wassermelone

Säen: Februar bis Mai

Im Freiland pflanzen: Mai, Juni

Ernte: Juli bis September

Weizen

Im Freiland säen: Oktober, November

Ernte: Juni bis August

Zwiebel

Säen: Februar bis April und August bis Oktober

Im Freiland pflanzen: Februar, März und September bis November (siehe S. 160)

Ernte: Juni bis August

Notizen

Stichwortverzeichnis

Nützliche Adressen

Bezugsquellen für Saatgut

Arche Noah:	arche-noah.at
Artha Samengärtnerei:	arthasamen.ch
Bingenheimer Saatgut:	bingenheimersaatgut.de
Biosaatgut:	bio-saatgut.de
Dreschflegel Saatgut:	dreschflegel-saatgut.de
Garten des Lebens:	garten-des-lebens.de
Grüner Tiger:	gruenertiger.de
Reinsaat:	reinsaat.at
Rühlemanns:	kraeuter-und-duftpflanzen.de
Samen Maier:	samen-maier.at
Sativa:	sativa-biosaatgut.de
smarticular Shop:	smarticular.shop/saatgut
Verein zur Erhaltung der Nutzpflanzenvielfalt:	nutzpflanzenvielfalt.de
Vern:	vern.de
Zollinger – Schweizer Samenzüchter:	zollinger.bio

Permakultur-Netzwerke und Kontakte

Permakultur-Info:	permakultur-info.de
Permakultur Institut und Permakultur Akademie:	permakultur.de
Permakultur Schweiz:	permakultur.ch
Planofuturo:	planofuturo.ch
Verein Permakultur Austria:	permakultur-austria-akademie.at

Einjähriges Silberblatt: Hier können wir sehr schön die Samen durchscheinen sehen.

Die Apotheke vor deiner Haustür
ISBN: 978-3-946658-81-8

Geliebtes Unkraut
ISBN: 978-3-946658-79-5

Pflanzenglück
ISBN: 978-3-946658-68-9

Geh raus! Deine Stadt ist essbar
ISBN: 978-3-946658-06-1

Selber machen statt kaufen – Küche
ISBN: 978-3-946658-03-0

Selber machen statt kaufen – Haut und Haar
ISBN: 978-3-946658-09-2

Selber machen statt kaufen – Garten und Balkon
ISBN: 978-3-946658-30-6

Vergiss künstliche, ungesunde und umweltbelastende Fertigprodukte, denn viele bessere Alternativen kann jeder leicht zu Hause selber machen. Sie sind gesünder, besser für die Umwelt, fast immer preiswerter als konventionelle Fertigprodukte – und sie machen einfach Spaß!

Unsere besten Anleitungen und Ideen zum Selbermachen haben wir in den Büchern der Reihe *Selber machen statt kaufen* zusammengefasst. Lass dich inspirieren und mach auch dein Leben ein bisschen grüner!

Wirf mich nicht weg
ISBN: 978-3-946658-43-6

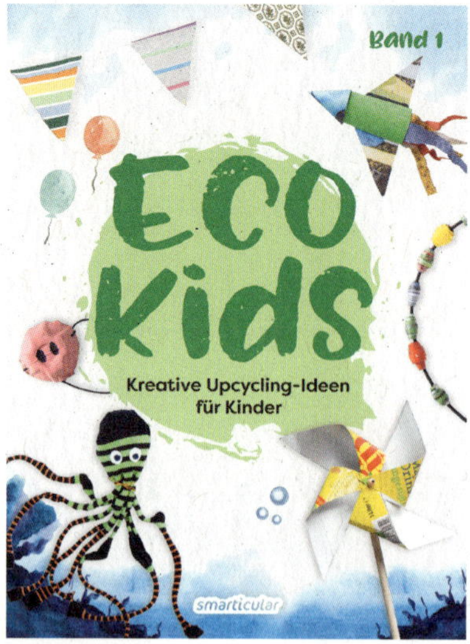

Eco-Kids
ISBN: 978-3-946658-72-6

Plastiksparbuch
ISBN: 978-3-946658-33-7

Auch wenn wir in einer Zeit des gefühlten Überflusses leben, lohnt es sich, den persönlichen Ressourcenverbrauch zu hinterfragen. Oft lassen sich sich Verschwendung und gedankenloser Massenkonsum leicht umgehen.

Gut ein Drittel aller weltweit erzeugten Lebensmittel landen im Müll. Kleidungsstücke werden durchschnittlich nur noch viermal getragen, bevor sie entsorgt werden, und die Flut von Wegwerfplastikartikeln droht, die Umwelt und unsere Körper nachhaltig zu vergiften.

Diese Bücher zeigen, wie sich Abfälle mit einfachen Maßnahmen vermeiden und mit kreativen Rezepten und Anleitungen sinnvoll weiterverwerten lassen!